說話是一門藝術，講究門道，會說話將改變一個人的一生。

零誤解說話術

完美的表達
才能順遂成功

現代社會，有些人「只埋頭耕作，不尋求收穫」，
他們認為只要自己努力工作就會帶來好的結果。
但是，現在不同以往，只會埋頭苦幹而不善自我表達的人多被埋沒。
而機會更青睞那些敢於表達自己，善於表達自己的人。

零誤解說話術

完美的表達　才能順遂成功

Contents

第一章　說話的藝術

第一節　會說話，得天下……012
第二節　見什麼人說什麼話……016
第三節　言多必失：開口之前請三思……020
第四節　說話有邏輯，辦事有條理……023
第五節　人人都愛聽的恭維話……027
第六節　雄辯是銀，傾聽是金……031
第七節　言必有信，人生難得講真話……035
第八節　真話不全說，假話全不說……039
第九節　永遠不說批評別人的話……043
第十節　為什麼百分之九十的人不善說話……049
第十一節　不可不知的成功說服法……053

第二章 零誤解說話法

第一節 自我表達的重要性……060
第二節 誤解與偏差都是很正常的事……063
第三節 善用肢體語言……066
第四節 勇敢說出自己的真實想法……070
第五節 爭議時的解決之道……073
第六節 你為什麼總被人誤解……077
第七節 理解萬歲：凡事多為他人著想……081
第八節 傷人話不可避免，及時彌補是關鍵……086

零誤解說話術
完美的表達 才能順遂成功

Contents

第三章 陌生人：我也為你祝福

第一節 主動攀談，陌生人變貴人……092
第二節 一張嘴就讓人喜歡你……097
第三節 引起共鳴是深聊的開始……100
第四節 學會看臉色說話……104
第五節 套近乎要掌握尺度……109
第六節 與陌生人說話更需要尊重……113
第七節 學會拒絕陌生人……117

第四章 職場金口才是練出來的

第一節 注意**說話的速度**……122
第二節 **音調節奏**的掌握……126
第三節 明確**談話的目的**……132
第四節 **控制**緊張情緒，說話**從容淡定**……137
第五節 聽出**弦外之音**……140
第六節 巧用**暗示性**語言……146
第七節 **隨機應變**的回答技巧……151
第八節 達到**事半功倍**的正確表達方式……156
第九節 **職場說話**的藝術……162

Contents

第五章 會說話的員工前程似錦

第一節 會說話，幫你**升職加薪**……168
第二節 **讚美上司**，做最聰明的員工……173
第三節 用恰當的方式**讚美對方**……178
第四節 **冷廟**也要常燒香……183
第五節 對上司說話**投其所好**……190
第六節 **注意**與上司說話的態度……194
第七節 學會與上司**溝通**……200

第六章 當好領導者的說話藝術

第一節 說話**一言九鼎**眾人服……206
第二節 讚美下屬，**提高領導力**……210
第三節 **批評下屬**講藝術，對事不對人……214
第四節 言語**簡潔有度**，讓下屬**一聽就懂**……219
第五節 **風趣幽默**的領導親和力強……223
第六節 領導**不打誑語**，言辭謙虛**顯風度**……226
第七節 **有錯**就改，**道歉**顯真誠……230

前言

如何才能在激烈的競爭中脫穎而出，怎樣讓自己的生活如意，人際關係和諧穩定，一切都取決於你的口才能力。話不說沒人知，亂講話又會得到適得其反的效果。因此，擁有能說會道的口才，是職場成功，生活幸福的有力保障。

成功全憑一張嘴，從古至今，無論是職場還是官場，那些成功者無不具備良好的口才能力。口才能力決定了一個人的高度，若想事業有成，生活幸福，從現在起，開始培養能說會道的金口才吧。

口才是一種能力，會說話是一門學問。生活中不會說話的人，往往會因處理不好人際關係而煩惱不已；工作中不會說話的人，則會面臨更大的壓力，甚至是失業的危險。身在職場，會說話往往要比個人能力更重要。不能恰如其分地表達自己的意思，不能將最好的一面展示出來，即使你能耐再大，也不會受到重用，因為老闆根本沒看見。

那些職場紅人，往往僅憑借一張能說會道的巧嘴，便為自己的職業生涯買了保險，升職加薪，備受重用，老闆、同事都對他們喜愛有加。因為會說話，他們受到老闆的器重；因為會說話，他們得到同事的喜愛；因為會說話，他們贏得下屬的信任。總之，他們暢行職場的祕密就在於擁有一張能說會道的嘴。

不必羨慕成功者的口才，你也能成功。良好的口才不是與生俱來的，都是透過後天的培養與訓練實現的。培養口才的過程中，會遇到各種各樣的難題，需要掌握一定的技巧去解決。因此，著重培養口才能力，不僅能幫助你在職場上少走彎路，贏得成功，還可以讓你擁有幸福的人生。

相信透過閱讀本書，你能更深刻地體會到口才的重要性，並將書中所講的內容與現實相結合，從而實現與人的良好溝通，進而使職場生涯更加順利，生活幸福美滿。

零誤解說話術

完美的表達
才能順遂成功

Chapter.1

說話的藝術

說話是一門藝術，講究門道，會說話將改變一個人的一生。

古希臘寓言中說道，舌頭這東西的確是個怪物，它能用最美好的詞語來讚譽你，也可以用最惡毒的言詞來詛咒你，它能把螞蟻說成大象，也能把小丑說成國王。會說話，你就是國王，你的話既能改變別人，也能改變自己。

第一節　會說話，得天下

會說話是一種能力，無論在工作或生活中都起著很重要的作用，就像古人說的「一言可以興邦，一言可以誤國。」甚至在電影電視中，我們也常常看到一個人將死人說活的鏡頭。雖然有些誇張，但從側面反映出會說話的能力是多麼重要。

會說話的人，不管說出去的話是多還是少，都不會因此而得罪人，但是不會說話的人只是一味地信任「言多必失」這一哲理。他們因為自己不善於說話，就盡量地不開口說話，這樣的確不會輕易得罪人，但是他們的交際範圍也會因此而減少。而會說話的人不但不會出現「言多必失」的情況，他們還會因為自己所說的話，而與更多的人成為朋友，擴大自己的交際圈，幫助自己贏得更多成功的機會。

是否會說話，在對待下面的情況時所採取的方式是截然不同的：

有個學校的花房，從來不讓學生們隨便進出，更不讓學生們在裡面採花。但是，有一天，一個小女孩走進了花房，而且還採了一朵花出來。

在從花房出去的時候，碰見了學校的老師——著名的教育家蘇霍姆林斯基。小女孩很害怕，以為自己將要受到懲罰，可是接下來發生的一切卻令她難以想像。這位教育家在走過小女孩身邊的時候，只是俯下身去，親切地問道：「孩子，妳能告訴我，摘這朵花是想要送給誰的嗎？」

小女孩害羞地說道：「我奶奶生了一場病，我希望她能早點好起來，就告訴她，學校裡有好多很大的玫瑰，但是她不相信，所以我就想來摘下一朵拿到醫院去給她看，等她看完了我就把花送回來。」

蘇霍姆林斯基聽了小女孩的話之後，不但沒有責怪小女孩，反而又摘了兩朵花送給她，並對她說道：「這一朵花是獎勵妳的，因為妳是一個懂事的好孩子，另外這一朵是要送給妳奶奶的，因為她培養了妳這樣一個懂事的好孩子。」

小女孩很高興地接受了老師的花，對這位和藹可親的老師印象又加深了一些。

蘇霍姆林斯基的話讓小女孩倍感親切，對待違反校規的小女孩，不是批評而是鼓勵，反映出其高超的說話能力。只有充滿智慧的人，才會說出那些具有哲理的話，也才能引起對方對他的敬仰。

會說話的人與不會說話的人在處理事情時的態度是截然不同的，當然他們所得到的結果也是截然不同的：

古代有位國王，晚上睡覺的時候做了一個夢，夢見自己滿口的牙齒全都掉了。他非常害怕，於是第二天就找來兩個善於解夢的大臣分析其中的原因。

第一個大臣聽了國王的敘述之後說道：「這個夢的意思是，您家裡的人全死了，現在只剩下您一個人了，您是最後一個死的。」

而第二個大臣說道：「我尊敬的大王，這個夢的意思是，您是家人中最長壽的一位。」如果只是從解夢的角度來說，牙齒掉光確實是所有親戚都死了的意思，但是兩位大臣以不同的方式說出來就展現了兩者之間的不同智慧，相應的也帶來了兩者之間不同的結果——國王將第一位大臣打了一百棍，賞了第二位大臣一百兩黃金。

但是，那個被打了一百棍的大臣還不知道自己錯在哪裡，認為自己解的夢就是真實的，想不通為什麼自己會挨打，對此感到非常委屈；而另外一位大臣得到了賞賜，滿心歡喜。

生活中的人每天都需要與人說話，說話也是交流思想。從這方面來說，是否會說話就顯得很重要了，簡言之，會說話的人得到的機會就會多一些，而不會說話的人得到的機會就會少一些。

人生在世與人交往就成了必需的社會交際，在這一環節中掌握了說話的技巧，知道運用怎樣的方式能將自己的觀點與意見表達出來，就會對自己的事業帶來幫助，這就是人們常說的「會說話，得天下」。

第二節 見什麼人說什麼話

見什麼人說什麼話，是一種高超的說話技巧。掌握了這樣的技巧，能幫助你在與人相處中，讓對方留下好的印象。在與人交流的過程中，要盡量使用對方能聽得懂的語言，以及能得到對方認同的說話方式，以幫助自己拉近與對方之間的距離。

見什麼人說什麼話，需要我們改變自己處事時的自我中心主義，要多為對方考慮，找到適合自己與對方的共同話題，幫助自己改變與人交談中的尷尬境況。這樣的說話方式，能幫助自己瞭解對方的性格，進而幫助自己的人際關係得到良性的發展。

見什麼人說什麼話，就是要我們在說話的時候能分清楚對方的身分，說出去的話有分寸。交談是兩個人的事，不能在這個過程中只考慮到自己的感受，自己覺得怎樣說好就怎樣說，更應該考慮到對方的興趣與感覺，考慮到自己的觀點與認識是否能被對方接受。

古時候，有個書呆子與人說話的時候，總是愛顯擺自己的才學。有一次，晚上睡著之後被蠍子蟄醒了，但是說話的時候還是不改往日的文縐縐語氣。於是對妻子說道：「賢妻，速燃銀燭，你夫為蟲所襲！」一連說了好幾遍，他的妻子也沒聽懂他到底在說什麼。

他見妻子怎麼也聽不懂自己說的話，就對妻子形容了蠍子的樣子，希望妻子這時能明白自己說的話。

「身如琵琶，尾似鋼錐，叫聲賢妻，打個亮兒，看是什麼東西。」這樣說了之後，妻子還是不懂他的話。

他被蠍子蟄得受不了了，於是大聲喊道：「老婆，快點燈，蠍子蟄了我啦！痛死我了！」這時妻子總算是聽懂了，但他已經痛得受不了了。

雖然這只是一個笑話，但是卻告訴了我們，在與人說話的時候要注意對方的接受能力，幫助自己找到與對方的共鳴。這也是說話的時候要注意的，與別人的交談就是要將自己的觀點表達給別人知道，但是像上面書呆子似的只顧自己的說話方式，就達不到自己想要的效果。

其實在說話的時候看清楚對方的身分既是一種說話的原則，也是應該知道的常識。說話的時候做到了根據對象說出自己想說的話，能幫助自己更好地達到說話的目的與效果。不過，與熟人說話的時候也應該注意方式，對方的身分發生改變，你的說話方式也應該有相應的改變。

朱元璋當了皇帝之後，跟他以前一起吃過苦的朋友從鄉下趕來找他想要謀求一官半職，對他說道：「我主萬歲！當年微臣隨駕掃蕩蘆州府，打破罐州城，湯元帥在逃，拿住豆將軍，紅孩兒當關，多虧菜將軍。」他用較為巧妙的方式說出了當年的一些事情，朱元璋聽後很高興，於是就封了他做大官。

過了幾天，他另外一位有困難的朋友聽見這個消息之後，想到，都是一起走過來的朋友，「既然他去了能當官，我去了肯定也能當官的。」於是，他也從鄉下趕到京城找朱元璋去了。

可是，他卻沒有那麼好的運氣，因為他不懂得根據對方身分的改變而改變自己說話的方式，一見到朱元璋就說道：「我主萬歲！還記得嗎？從前我們兩個都替人家看牛。有一天，我們在蘆花蕩裡，把偷來的豆子放在瓦罐裡煮著。還沒等煮熟，大家就搶著吃，罐子都被打破了，撒下一地的豆子，湯都潑在泥地裡。你只顧從地下滿把地抓豆子吃，不小心把紅草葉子也一嘴吃進嘴裡了，葉子梗在喉嚨口，苦得你哭笑不得。還是我出的主意，叫你用青菜葉子放在手上一併吞下去，這樣紅草的葉子才一起下肚了……」

他說的這些話顯然不符合朱元璋此時此刻的身分，所以他還沒說完，就被人拉出去處死了。

見什麼人說什麼話，不是一種虛偽，而是一種說話方式，一種說話技巧。如果不能很好地掌握這項技巧，有時會給自己帶來嚴重的後果，甚至會因此得罪人，為自己的人生道路帶來隱患。

第三節 言多必失：開口之前請三思

現實生活中，越是平庸的人說出去的不合適的話就越多。要避免這樣的行為有一個比較保險的方法，就是沉默，也就是人們常說的多說多錯、少說少錯。

如果到了非說不可的地步，就要注意說話的方式以及說話的語言，確保自己說出去的話不會傷害到他人。但是，對於你不知道或者是不熟悉的事情，最好還是先選擇沉默。

從前，有一隻烏龜遭遇到了多年不遇的旱災，自己居住的湖泊都乾涸了，由於缺水，憑自己的能力也沒有辦法爬行到有水有食物的地方。當時，有一群大雁就居住在湖邊，烏龜請求大雁幫助自己離開這裡，大雁答應了烏龜的請求。於是，一隻大雁用嘴叼著烏龜往高空飛去。

大雁一直飛，在經過一座城鎮的時候，烏龜忍不住問大雁：「你們這樣一直不停地飛，到底要飛到什麼地方去啊？」

大雁聽了烏龜的問題之後，只好回答牠，可是大雁剛一開口，叼在嘴裡的烏龜就直接從高空掉落下去摔在地上，被城鎮的人撿回去宰掉吃了。

烏龜因為自己的多嘴而為自己帶來墜地身亡的下場。

這個故事同樣也是在警告我們，如果不注意自己的言語，也會給自己帶來不好的結果。

生活中，人們喜歡與說話算話、實事求是的君子交往，對於那些滿口假話的小人都是避而遠之的。

一個人的思想以及涵養，都能透過他說的話裡面看出來，說話的時候不考慮時機，不考慮後果，只會讓自己遭到他人的排斥。

「言多必失」是說如果一個人說的話太多，必然會將自己的真實想法以及對一些事情的看法說出來，而別人就能從你說的話裡聽出你的弱點來攻擊你。不想要別人攻擊你，你就必須注意說的話不要太多。

話說太多會給自己帶來很多不利因素，想要避免發生這類情況，就必須在說話的時候控制自己的思想，對自己即將說出口的話先思考一下，確定適

合在這樣的場合裡說出來再說。

管好自己的舌頭，在說話之前好好考慮一下該不該說，能避免因說話而帶給自己的災難。能說會道是一種能力，但言多必失。因此每個人在開口之前最好先過一遍腦子，整理好思路。

第四節　說話有邏輯，辦事有條理

說話的時候要注意條理性，在說話的時候將自己想要表達的各種觀點按照一定的主次關係，以及先後順序說出來。說話有邏輯，辦事才能有條理。如果你要說的事情很重要，就必須分清其中的主要與次要方面，並且圍繞主線展開自己的敘述，以便讓人聽明白。

現實生活中，很多人在說話的時候並沒有注意到這些方面，說出去的話往往雜亂無章，這也就在一方面決定了他們的人生高度，畢竟沒有人會用一個話都說不清的人當領導人。

很多人說話辦事缺乏條理，他們在說話的時候往往會因為某些話題而感到興奮，導致其在說話的時候扯出別的話題。還有些人想到什麼說什麼，話題的突然轉換往往讓對方無法理解。

如果仔細觀察不難發現，我們身邊總會出現這樣的情況：開會的時候，發言者在臺上滔滔不絕地說了很多話，但底下的聽眾沒有聽懂他究竟說了些什麼。最後，當聽眾們將事情弄得差不多清楚的時候，臺上的發言也結束了：「以上很簡單地發表個人的一點點看法，請各位多多指教。」

相信臺下的人大都會有這樣的反應：「都說了那麼多，還說只是簡單地說一下？是不是忘記自己說了多久啊？簡直是浪費別人的時間……」

話題的突轉是很難讓別人理解的，因為說話的時候想到哪就說哪裡，根本沒有邏輯性。如果他們在發言的時候將自己要說的話按照一定的規範劃分出主次關係，就不會有這樣的結果了。

說話缺乏邏輯性的人，他們以自我為中心，聽不進去別人的意見，又無法給出合理的、邏輯性強的觀點，只是一味地按照自己的想法去說話、做事，當然就會令人生厭。

不能讓別人感覺你是一個說話缺乏條理的人。只有做到了有邏輯性地說出自己想說的話，你的意見才會被別人聽懂並採納，自己想要達到的目的也才會順利達到。

學會克服自己在說話做事中的雜亂無章是很重要的：說話的時候一定要

按照一定的順序將自己要說的話說出來，不能隨心所欲地說，更不能不考慮對方的感受，而只是將自己想說的話說出來。而做事的時候如果沒有一定的條理性，所帶來的後果也是很嚴重的。

小劉是一個公司的員工，在做事的時候常沒有一定的條理性，整天忙忙碌碌地卻沒有成績，對於自己這樣的狀態小劉很苦惱。但是，他也不知道是什麼原因。後來公司的張姐幫他分析原因，瞭解到雖然他工作上很努力也很認真，但是他做事沒有條理性，不能將事情分門別類地處理好，所以才會造成他現在的這既忙碌了卻又沒有成就的局面。

自從張姐幫助小劉找到了原因，他就開始注意自己的做事方式，尋找相應的解決方法。在以後的工作中，無論遇到什麼樣的事情都會先分析一下，自己想要達到的目的是什麼，按照這個目的制定自己的行動方針。將自己想做的事情、想要達到的目的都記錄下來，分清主次關係，並按照先主後次的方向去做自己的事情。在做完事情之後，還對自己做過的事情做一個小結。漸漸地，小劉發現自己以前的那些丟三落四的壞毛病少多了，而且在工作上也取得了較好的成績。

透過這樣的方式，小劉的工作效率比以前提高了很多，工作的積極性也因此而得到了提高，漸漸地也有了成就感。

其實，解決自己在生活中遇到的這些問題並不難，只要你掌握了正確的方法，它們就會迎刃而解。說話有邏輯，能幫助你準確地將自己的觀點表達出來並能被別人接受；做事有條理，能幫助你將事情做得更好。這都是我們在生活中需要掌握的技巧，掌握了這樣的技巧，你在為人處世方面就會有極大的進步。

第五節 人人都愛聽的恭維話

恭維的話，人人都喜歡聽，只是有的人表現得明顯，有的人總是將那些冠冕堂皇的「我不愛聽恭維的話，就愛聽別人的批評，別人的批評能幫助我成長」擺出來而已。碰到後者，如果真的去批評他，說些幫助其成長的話，他心裡肯定會不高興。將恭維的話說到位，能幫助贏得他人的好感。一個特殊的現象，就是那些態度越是傲慢無禮的人，越是喜歡別人的恭維。

人都喜歡聽恭維的話，也是最經不起恭維考驗的動物。對於上級也是這樣的，你要是求他辦事，說上幾句恭維的話，成功的機率就會相對加大。同時，你的恭維還會換來上級的重視，對你的職場前景也是有幫助的。

社會上，那些善於說恭維話的人，擁有更多的機會，辦事的時候也會順利很多。當對方聽見你的恭維之後，嘴上雖然會說「不是這麼回事，我沒有你說得那麼好，你真是太會說話了……」但是，心裡還是會很高興，即使知

道你的話是恭維，心裡的開心程度也不會減少。

人就是這麼虛榮，這麼愛聽恭維的話。每個人都不例外，在聽到別人的恭維之後，心裡會有一種喜悅的感覺，會有無窮的優越感與滿足感，相應的，對於對方的要求也就會竭盡全力給予幫助。

不但現實中的人喜歡聽恭維的話，就連那身在陰間的閻羅王也不例外。有個人很擅長說恭維的話，是拍馬屁的專家，他的大名就連遠在陰間的閻羅王都知道了。在他死後，來到閻羅殿，閻王很生氣，說道：「你為什麼專門拍馬屁？我最討厭的就是你這樣的人。」

那個人口頭回答道：「不是我喜歡拍馬屁，是世人都這樣，我也是不得已而為之的啊。如今，大王您是公正廉明的，您明察秋毫，誰還敢在您面前說上半句的恭維話啊？」

閻羅王聽到這些話之後連忙說道：「本大王就是最討厭這樣的人，諒你來到大王這裡也沒這麼大的膽子。」臉上的表情，也由剛開始時的怒氣沖沖轉變為了平靜。

其實，閻羅王這時也表現出了自己愛聽恭維話的本性，那個馬屁精換了一種恭維方式，就將閻羅王的心情由憤怒轉向了平靜。而閻羅王說自己討厭那些說恭維話的人，也只是一種冠冕堂皇的話而已，並不是自己內心的真正想法。

現實生活中這樣的人很多。這個故事也是在告訴我們，世界上的人都喜歡聽恭維的話，只不過你在說這些話的時候要注意自己的方式，要與一般的諂媚區別開來。掌握了適當的說恭維話的方式，你就會得到他人的歡心。

人人都愛聽恭維話，這樣的人無論在遇到什麼人的時候，都會順利實現自己的目的。他們辦事的效率也會因此而得到較大的提高。

生活中，大多數的人都知道別人的批評對於自己是一種幫助，能幫助自己成長，但是在肯定它的作用的同時卻又拒絕它，都希望能聽到對方的恭維。越是說自己不喜歡聽恭維話的人，其實就越是喜歡聽這樣的話。

適當地說一些恭維的話確實能幫助我們達到自己的目的，但是，有的人卻總是認為這樣的行為只是小人行徑，正人君子不應該有這樣的做法甚至想法。其實，大家應該明白，恭維也是一種說話的藝術，掌握了這樣的說話藝術，就能給自己省下不少不必要的麻煩。

不管是請求同事還是上司的幫助，都應該掌握這樣的適時恭維的方式，這樣的方式能使我們的辦事能力得到極大地提高。學會說恰當的恭維的話，在你辦事的時候就會體會到它的妙處。

第六節 雄辯是銀，傾聽是金

從古至今就流傳著這樣的一句話「言多必失」，這句話是經過時間檢驗過的真理。雖然有的人口才好，不會出現這樣的情況，但是這樣的真理還是適用於每個普通人的。

我們在與別人的交往中應該注意到說話不能以說得多為好，要明白一般情況下，說得多就錯的多。有的人不明白這樣的道理，總是在別人的面前顯示自己多有才華似的說出自己所知道的一切，好引起別人的注意，讓別人佩服自己。但是，這樣的行為恰恰是他們沒有自信的表現，幼稚的表現，不但不會引起對方的佩服，還會讓聽見他們說話的那些聰明人，對他們產生厭惡感。

當然，也並不是說在交流中一定要做到少說甚至是不說，在你遇到的情況是說了比不說好的時候，就需要你去說了。

雄辯是銀，傾聽是金。雄辯是一種能力，而傾聽更是交談的藝術。在說話的過程中，一味滔滔不絕地表達自己的觀點，不給別人說話的機會，這樣會引起別人的反感。聰明的人在適當表達觀點的同時，更多的選擇傾聽對方的觀點，在這個過程中表現出真誠，會讓交談更順暢。

雄辯是銀，沉默是金。在客戶沉默的時候，你不要去打破這種沉默，你能做的就是靜靜地等待，給予客戶更多思考的時間，等他們思考結束，自然會給你一個答案。但是，如果你覺得你應該打破這樣的沉默，那麼所產生的後果就絕對不會是你想要看見的。

日本金牌保險推銷大師原一平，曾經講述過自己的一次推銷經歷：他去訪問一位出租車司機，那位司機堅定地認為原一平不可能向他推銷保險，他也不會從原一平手上買保險。而他之所以會答應原一平的訪問，就是因為原一平家裡有一臺放映機，它可以放彩色有聲電影，而自己沒有見過那樣的東西。

原一平就給出租車司機播放了一部關於人壽保險的影片，在影片結束的時候，原一平問出租車司機：「它將為你及你的家人帶來些什麼呢？」問完這個問題，司機與原一平都沉默了，靜靜地坐在原地。幾分鐘之後，司機把自己心裡想問的事情向原一平問了一遍「現在還能參加這種保險嗎？」

最後，司機還是簽了那份自認為不可能簽訂的保險合同。

如果在放完影片，司機沉默的時候，原一平打破了這種沉默的局面，繼續向司機推銷著保險，司機的思緒肯定會被打亂，最終也就不會簽訂那份高額的保險金。這就是原一平的高明之處，也是大多數人做不到的地方。

顯然，原一平的經驗是在告訴我們，不可說的時候千萬不要說。這樣打亂對方的思緒造成的後果是會讓你心痛的。

生活中，人們都知道「聽」是一種動作，但是，會說話、會聽別人說話的人則知道其實「聽」也是一種技能。「傾聽」也可以被理解成一種藝術，它包含著人們在「聽」別人說話時的神態、眼神、動作，甚至還有心理活動等。「聽」只是單向的，聽別人說話，但是「傾聽」卻是雙向的，需要雙方之間交流的。因此，從這個意義上說，「傾聽」就成了開啟自身心靈與探索智慧之門的鑰匙。

善於傾聽無形中達到了褒獎對方的作用，仔細認真地傾聽對方的談話，是尊重對方的前提，能夠耐心地聽說話者訴說，就等於告訴對方「你說的東西很有價值」、「你是一個值得我結交的人」。無形中，說者的自尊得到了滿足。於是，說者對聽者就會產生好感，認為「聽話」者能理解自己，並欣慰於自己終於找到了一個可以傾訴的機會。如此，彼此心靈間的交流就使得雙方的感情距離縮短了。

雄辯很重要，但是在一定的條件下，沉默更重要，雄辯是銀，傾聽是金。沉默帶給人的是一種內涵、一種深沉、一種智慧，這樣的沉默會引發被人的尊敬、佩服甚至是恐懼。在與沉默的人說話的時候，就會格外注意自己的言語。而學會沉默其實也是一種成熟的表現。

學會傾聽的交談之道，能助你更好地與人溝通。請記住：有時安靜地傾聽要比滔滔不絕地高談闊論有效得多。

第七節 言必有信，人生難得講真話

言必有信，人生難得講真話。誠信是中華民族的傳統美德，說話講誠信是一個人最基本的道德準則。

然而，隨著經濟的發展，很多人為了個人利益而忘記了講真話的美德。他們不講誠信，企圖以欺騙的手段為自己謀取利益。下面是一個關於古人的誠信的故事，在現代社會，已經很少有人能做到這一點了：

曾子的妻子要去市場，她兒子一定要跟著去。她實在拗不過就帶著他去了，可是心理還是不情願，就自己在前面走得很快，而孩子就在後面一邊走一邊哭。

她想要讓孩子回家去，就對他說道：「你要是現在回家去，等我回來了就殺豬給你吃。」於是，孩子就回家去了。

過了很久，曾子見她從集市上回來了，就去捉豬準備殺，卻被妻子攔住了：「我只不過是哄孩子的，你還真殺啊？」

曾子聽了妻子的話之後非常生氣，說道：「在孩子面前怎麼能說假話呢？孩子本來就不懂事，他只會隨著父母的樣子學習，給他做了說話不算話的榜樣，他就會向你這方面去學習。現在你欺騙他，就是在告訴他，他可以欺騙別人。做父母的沒有給孩子樹立好的榜樣，那是無法將孩子教育好的。」於是，曾子將豬殺掉了。

儘管曾子的妻子不願意因為自己的一句開玩笑的話就殺掉一頭豬，但是為了孩子的教育，為了在孩子面前樹立較好的形象，還是幫助曾子將豬殺掉了。

現在的人，估計不會因為這樣的一句玩笑話就將一頭豬殺掉吧，雖然時代在進步，但是許多人卻沒有了古人那般的誠信與責任。

現實生活中，很多人言而無信，他們為了自身利益，不講誠信，出爾反爾，甚至認為那些言必有信的人是傻子，已經不適合這個時代了。其實，真正的傻子是那些不講誠信的人。

現代社會講究以誠為本，一個缺乏誠信的人是無法立足的，這些人會被人們孤立，最終被淘汰。言必有信，人生難得講真話。現實生活中，有些人不願意說真話，他們往往將自己用謊言包裹住。這樣的人是既可卑又可憐的。他們撒謊的目的有很多，有些是為了炫耀，引起別人的注意，有些是為了謀取私利等等。

有些人在撒謊的時候會對於自己的能力不切實際的誇大，進而贏得別人的羨慕與尊重。這樣的人在剛開始說謊的時候會感到心虛，但是，當他們經由這樣的方式獲得好處的時候，他們就會對於說謊變得毫無顧忌。漸漸地，他們就不會因為自己的不說真話而感到羞愧了，甚至在說話的時候常常將假話掛在嘴邊。

雖然說假話的次數多了就會自然而然地將假話說出來，但是說假話很痛苦，一句假話需要你很多句假話去圓。而說出去的假話還會被別人發現，進而對你這個人進行懷疑。說真話顯然就簡單多了，它只需要你說一次就行了，說真話的人也會得到別人的尊敬。

言必有信，人生難得講真話。其實講真話很簡單，但是有些人卻沒有選擇說真話。一個有責任心的人絕不會允許自己撒謊，他們會做到言必有信，會說真話。希望人們今後不再發出這樣的感歎：人生難得講真話。如果我們每個人都講真話，排斥那些撒謊的人，社會一定會變得更加美好。

第八節 真話不全說，假話全不說

「真話不全說，假話全不說」是季羨林先生說過的一句話。說話的智慧歸結起來其實就是這十個字。「假話全不說」很好理解，這是我們心裡都有的意識，只是很少有人能做得到。

世界上的事物沒有絕對的正確，也沒有絕對的錯誤，在說話的時候就應該注意到這一點，不要將真話全都說出來。尤其是在說話的時候碰見與別人的隱私或者是權利相互衝突的情況下，說真話就得考慮了，這個時候就是要做到「真話不全說」的時候。

真正的說話藝術也就是同時做到了這兩者，他們在說話的時候，既說出了真話，又保留了一定的餘地。這樣的人，無論是在生活中還是在工作中，會將自己說話的智慧體現在自己的為人處世之中。從古至今，凡有所成就的人都深諳此道。

大多數情況，說真話容易得罪別人，而說假話的人則會得到更多人的好感。就因為這樣，很多人都選擇了說假話。

魯迅先生曾有一篇短文，對於說假話與說真話者進行了透徹的分析。說那小孩子將來會發達會長壽的人，雖然是說的假話，但卻博得了主人的讚揚；而那說真話的——即那個說「這個孩子將來要死的人」——則挨了拳腳。這個人說話雖然難聽，但是無論是誰，將來都是要死的，這的確是事實。於是，魯迅先生戲謔到，要想讓那主人聽著順耳，又不說假話，只好說：「這孩子，呵呵，哈哈，嘿嘿——」。

即使是說真話也要講究一定的方式與方法，不然，只會招來別人的不滿，甚至對自己的前途也是沒有好處的。有的時候說真話還會引來上司的反感，但是這也不能成為我們說假話的依據。

在說真話的時候掌握好了其中的分寸，就不會有這樣的不好的結果。說真話的時候，就應該盡量以讓對方能理解、能接受的方式說出來。對於別人說的假話，也要有足夠的分析能力，將其分析透徹，這樣能幫助自己避免被假話傷害，也能幫助自己避免被自己說出去的真話所阻礙。

有的時候，會說話甚至比會做事更重要。

某單位有兩位替上司開車的司機，因為單位即將精簡必須裁掉一個，於是兩人開始競爭上班。第一個司機大概講了十多分鐘，說：「我要是留下來開車，一定把車收拾得非常乾淨，遵守交通規則，要保證老板的安全，一定要做到省油……」

而第二個司機講不到一分鐘就結束了。他說：「我過去遵守了三項原則，現在我還是遵守著三項原則，如果今後用我，我還將遵守三項原則：第一，聽得，說不得；第二，吃得，喝不得；第三，開得，使不得。我過去這樣做，現在這樣做，今後還這樣做。」

顯然，第二個司機說的話非常好，說出了上司想聽的話，卻又做到了「真話不全說」。他說的「聽得，說不得」就是說以後上司說話自己只是聽，不會說出去，絕對會幫助上司保守祕密，而「吃得，喝不得」則是說在與上司一起出去的時候，吃飯是肯定的，但是為了上司的安全，自己絕對不會喝酒，最後的「開得，使不得」就是說如果上司沒有需要的時候，自己絕對不會公私不明地自己使用車子。這樣的說話方式就是讓上司非常滿意的說話方式，

既說出了真話，又是以別人能夠理解、能夠接受的方式說出的自己的真話。

說真話的時候容易得罪自己的上司，所以在說真話的時候一定要注意自己的方式，要以不得罪別人為前提說出自己想說的真話。掌握一定的分寸，將真話說出去，才會收到滿意的結果。

因此，在說話的時候一定要注意自己的方式，真話不全說，假話全不說，掌握說話的智慧，幫助你提升自己的人格魅力。

第九節 永遠不說**批評別人的話**

在現實生活中，永遠不說批評別人的話顯然是不可能的。本節的意思是讓大家在批評別人的時候，盡量採取溫和的、能被他人接受的方式，巧妙的批評方式更顯出說話的能力。

批評別人的時候一定要謹慎，卡內基說過「批評就像家鴿，最後總會飛回來的」。這就說明了批評別人的時候一定要注意對於原則性的掌握，遇到非要批評別人不可的情況，盡量不要直接說出批評的話語。

對於職場中的人來說，這也是應該注意到的很重要的一點。下屬犯了錯誤你如果直接去批評他，可能會挫傷他工作的積極性，但是你用間接的方式指出對方的錯誤，則會讓對方在看見自己錯誤的時候順利地予以改正。

批評的時候一定要講究方式，不能只是看見對方不好的一面，更應該看見對方值得表揚的地方，將表揚與批評結合起來，使批評達到最好的警示效果，使對方能更清楚地認識到自己的錯誤。

批評別人的時候不要將話說得太直接，只需稍微說出你自己的看法，對方也會明白你要說的話，進而改變自己的行為。反之，你如果嚴厲制止別人的行為，對對方的行為予以嚴厲譴責，則可能會給自己的批評帶來不好的效果。永遠不說批評別人的話是不太現實的，當你需要批評別人時，注意方式方法，效果則會好得多。

在英國亞皮丹博物館裡陳列著兩幅圖畫，一幅是人體骨骼圖，而另外一副則是人體血液循環圖。令人意想不到的是，這兩幅圖居然是出自一位小學生之手。

這位叫做約翰．邁克勞德的小學生，對身邊的所有事情都充滿了濃烈的好奇心。有天，他看見一條狗，他非常想知道狗的內臟是什麼結構的。於是，他就鼓足勇氣，將這條自己看見的狗殺了，還將狗的內臟一點一點地切開並且分割觀察。在自己的好奇心得到了滿足之後，他知道了這條狗的主人——是自己的校長韋爾登。

校長見自己的愛犬被學生殺了，非常傷心，就決定要好好懲罰這個犯了錯的學生。但是，他的懲罰並不是我們能想到的類似體罰式的懲罰，而是要求他畫出兩幅畫。也就是現在亞皮丹博物館陳列著的那兩幅畫。那個小男孩邁克勞德，後來也成為了著名的解剖學專家。

如果校長當時的批評方式不是這麼別出心裁，而只是普通的語言上的批判亦或是身體上的懲罰，孩子就不會對校長產生敬仰的情緒，甚至還會反抗校長的懲罰。這樣的懲罰方式保住了一個孩子幼小心靈的純潔與美好，孩子的好奇心沒有因此被抹殺。

要是沒有校長這種特別的批評方法，恐怕邁克勞德也不會有後來的成就。如果校長只是批評他，或許這個小孩的好奇心就會就此失去。甚至對任何事物都會失去興趣，也就不會有後來的成就。

中國著名的教育家陶行知也是一位善於運用批評方法的人，他的批評方式也值得我們學習。運用這樣的批評方式，能幫助對方在不討厭我們的前提下，改變自己的錯誤做法。

陶行知先生是一位善於教育學生的人，他的批評方式，不將批評的話說出來，但是卻能達到讓學生改進做法的目的。

有一天，陶行知先生在經過校園的時候，無意中看見自己的學生在用泥巴扔別的同學，就迅速將其制止，並要求那位同學在放學之後到他的辦公室去一下。

放學之後，陶行知先生處理完了自己的事情趕到辦公室的時候，看見那位同學早就已經等在門口了。就把那位同學領進屋裡，一邊很客氣地叫孩子坐下，一邊從口袋裡掏出一塊糖遞給孩子，說：「這是獎勵你的，因為你遵守時間並且比我先到。」

接著又掏出一塊糖遞給孩子，說「這也是獎勵你的，我不讓你打同學，你立即住手，說明你很尊重我，並且也聽師長的話，是個好學生。」

待孩子遲疑地接過糖，陶先生又說：「你是個有正義感的孩子，你打同學也不是無緣無故的，是因為他們欺負女同學，你看不過去，才出手打人。」

孩子再也忍不住了，哭著說：「校長，我錯了，你批評我吧，我不該打同學，我不能接受你的獎勵。」

陶先生笑了，又拿出第四塊糖：「你已經承認了錯誤，再獎勵一塊。我們的談話結束了，你可以走了。」

陶行知先生如果不是運用這樣的方式去教育那個孩子，而只是將孩子不對的地方說出來，或許孩子就不會認識到自己的錯誤，甚至還會對校長產生牴觸情緒。陶行知先生這樣的批評方式顯然是最合適的，如果他不是用的這樣的方式教育孩子，孩子甚至不會承認自己的錯誤。

雖然上面的例子都是說，在教育孩子的時候不要將批評的話說出來。但是，在職場中也是一樣，你對他人的批評說出來，有時候別人會接受不了，甚至會對你產生反感的情緒，對你想要處理好與同事之間的關係沒有好處。

職場中，往往有的領導人希望自己的下屬能得到進步，就會不時地批評一下他，這樣確實在一定的程度上幫助下屬改變自己的行為，獲得提高與進步。但是，批評的話語說多了還會讓下屬對自己的能力失去信心，認為自己是一個沒有用的人。因此批評別人的時候一定要注意對語言的掌握。

在批評別人的時候，掌握間接批評的方式很重要，間接批評也必須注意方式，可以在表揚對方比較好的行為的同時，暗示對方「沒有說到的地方就是不好的，就是需要改進的」。這樣的方式往往比直接指出對方的錯誤顯然要好得多。

這樣的間接批評比說出批評的話要有效得多，說出批評的話，雖然幫助別人改正了錯誤，但是也傷害到了你與他人之間的友誼。所以，只有那些不說出批評的話語方式，才能幫助你既批評別人又不傷害彼此的友誼。

如果對方做錯了事，不得不提醒他們時，一定要注意批評的方式與態度，這其中的奧祕需要在生活中慢慢總結。

第十節 為什麼百分之九十的人**不善說話**

人是社會性動物，不可避免要與其他人發生各種各樣的聯繫，這就要求具備一定的說話能力。畢竟，良好的溝通是人際交往的第一步。但是，說話的能力卻並不是每個人都有的，聰明的人憑借好口才贏得幸福成功的人生，而不善說話的人則要試著學習說話的技巧，改變自己的生存狀態，幫助自己成功地實現理想。

成功者大都是那些能言善道的人，不成功的人大都因為自己的不善言談。但是，生活中成功者往往只是少數，這就決定了社會上只有少數人真正掌握了說話的技巧，大多數人不善於說話。

說話的過程就是人與人之間交流思想的過程。尤其是現代社會裡，說話的能力變得越來越重要，儘管說話的能力很重要，但是會說話的人也沒有因為這種重要性而得到提高，會說話的人還是只有少數。

在不善於說話的人裡面，只有一部分是由於性格內向而不善說話的，還有一部分人是因為隨著現代科技的進步，網絡的普遍運用，減少了與人溝通的機會，降低了語言表達的能力，他們沉浸在網絡的世界裡，一旦走出這個圈子，就失去了與別人交談的能力。

現代社會，想要在激烈的競爭中贏得勝利，就必須有良好的口才。那些成功的人之所以會成功，口才就佔了一半的優勢，而失敗者往往都比較不善言辭。

不善於說話的人往往都是對自己沒有信心的人，總是認為自己不如別人。在與人相處時不敢將自己與對方放在同樣的水平線上，久而久之，造成了人際交往障礙。

顯智是剛剛畢業的大學生，找到了一份新工作。由於顯智剛步入社會，對自己缺乏信心，認為公司的同事理所當然比自己能力強。在與同事說話的時候也是不敢將自己想說的話說出來，害怕同事們笑自己無知。

他的上司很希望聽見他的意見，以判斷自己將他招進公司是不是一個正確的選擇。但是，無論什麼樣的情況下，顯智還是不善於將自己的觀點與看法說出來。

顯智不肯將自己的觀點說出來還有一個原因，就是怕同事們笑話其無知，因此顯智只想告訴上司一個人。有一天他鼓起勇氣來到上司的辦公室將自己的意見說給上司聽，剛開始的時候上司還能認真聽，但是後來就漸漸地閉上了眼睛。

顯智看見上司這樣的反應之後，就沒有往下說了，而是回到了自己的位置，從此以後開會發言的時候，顯智就更加不說話了。因為他總是覺得上司以及同事都不想聽到他的發言，其實他不知道，上司之所以會閉上眼睛，並不是因為不想聽他說話，而是因為不想自己在休息的時候還被人打擾，顯智只是選錯了表達自己意見的時間。

像顯智這樣的情況就是由於自卑而引起的不善說話，這樣的情況在很多職場新人身上都有所體現。想要學會說話，就必須擺脫這樣的情緒，找到自己身上的閃光點。過於自卑，只會讓自己的職場之路越走越狹窄。

善於說話，就是將自己的話以別人愛聽的方式說出去，你說的話別人不愛聽，或者是你說話的時機不對，都只能說明你不是一個善於說話的人。

百分之九十的人不善於說話，並不是說他們沒有語言表達能力，而是說他們沒有掌握說話的藝術。凡是你說出去的話不能被別人接受的，或者是沒有給自己帶來積極方面的說話方式，都應該歸納到不善說話的範圍。

第十一節 不可不知的**成功說服法**

人們說服他人的方法有很多種，其中潛意識說服法就是一種很重要的方法。因為人的頭腦和心智是由意識與潛意識兩個方面構成的。潛意識無法分辨事物的善與惡，會表現出意識中的一切。

潛意識透過自我暗示能發揮出無限的力量，而且，世界上很多靈感甚至奇跡，都與潛意識有一定的關係。人類是世界命運的支配者，也是自己命運的主宰。說服的過程需要溝通，而溝通就需要對對方的心理有所瞭解，從潛意識裡瓦解對方的思想，有利於說服的順利進行。

美國有一個十二歲的小女孩，想買一輛自行車，父母要她自己去賺錢，她利用暑假、寒假、放學的時間去賣餅乾，竟然在一年時間賣出了四萬包餅乾。

公司的人發現全公司沒有人能賣出這麼多餅乾，這個十二歲的小女孩只是打工竟然打破全公司紀錄，專家開始研究她是怎麼做到的，研究之後發現小女孩用了對比原理。

她準備一張價值三十塊錢的彩券，一敲開人家的門就先自我介紹說自己想要買一輛自行車，所以利用放假時間來賣彩券，三十塊錢如果您運氣好可以賺到一百萬。

大家雖然很同情她，但都說彩券實在太貴了。這時，女孩馬上拿出十包餅乾，一副很可憐的樣子說：「那這裡有十包餅乾，只要兩塊錢，請您買下吧。」馬上就會有人買了。她就是用對比原理，一下子賣掉十包餅乾。

對比原理最適合使用數字有關的方面，小女孩用三十塊錢跟兩塊錢做比較，價格即是數字。運用人們在潛意識裡對兩個數字的對比，來實現自己較高的銷售額，這樣的做法也確實是最適合的銷售方式。

小女孩還運用自己買自行車的想法與行動，以消除對方對自己的戒備，幫助自己順利地將餅乾賣出去。

想要及時地消除對方的戒備心理，幫助自己順利實現目的，需要做的不是一開始就說出自己的想法，而是應該在開始的時候採取迂迴策略，將對方的注意力先從敏感話題上移開。繞彎子採用迂迴策略表達自己的思想，這樣能幫助我們化解尷尬，保障說服的順利進行。

卡內基說的：「與人交談，要讓對方接受自己的觀點，不要先討論雙方不一致的問題，而要先強調，並且反覆強調你們一致的事情。讓對方一開始就說『是』、『對的』，而不要讓對方一開始就說『不』」，也就是說出了採取迂迴策略的重要性。

明武宗時，秦藩請求加封陝邊地，而此地戰略上十分重要，與國家社稷的關係更是緊密相連，但是皇上受人慫恿，已經同意了，叫大學士們起草一個加封的詔書。梁文康承命起草了這份詔書，他就巧妙地採用正話反說的方法表達了勸阻皇帝、改變封地的意見。

他寫道：「過去皇太祖曾詔令說：『這塊土地不能封給藩王，不是吝嗇，而是考慮到它的地廣物豐，藩王得到後一定會多養士兵馬匹，也一定會因富庶而變得驕縱。如果此時有奸人挑撥引誘，就會行為不軌，有害於國家。』現在藩王既然懇請得到這塊土地，那麼就加封給你吧！但得此地之後，不要在此收聚奸人，不要在此多養士兵馬匹，不要聽信壞人調唆，圖謀不軌，擾亂邊境，危害國家。否則，那時想保全自己的妻子兒女都不可能了。請藩王在此事上慎之又慎，不要疏忽。」果然，明武宗看到詔書後很憂慮，覺得還是不把此地封給藩王為好。

這裡就是迂迴、間接說服法，這樣的方式能達到一定的積極作用。如果在說服的過程中一味地喋喋不休，不但不會實現說服目的，還會影響自己在對方心裡的形象。因此，在說服別人的時候，一定要多種方式並行，並從中找出一種最適合的，以達到事半功倍的效果。

成功的人往往都能讓別人輕易地相信與認同自己，而且，他們在說服別人的時候除了找出最合適的說服技巧之外，還知道在這一過程中需要尊重別人。不尊重別人的人，即使擁有蘇秦張儀式的口才，柏拉圖式的邏輯，也不會讓別人信服。

布魯王子任德國總理時遇到過這種場面。當時是威罕姆二世在位，他是個傲慢、自大的君王。他在英國訪問時，公開發表了一篇自大而愚蠢的宣言：他宣稱全國只有他對英國保持友善；他的海軍可以抵抗日軍的侵略；由於他的保衛使英國免於受到蘇俄的侵犯；由於他的作戰計劃幫助英國擊敗了面非的波爾人……等等。

歐洲從沒有一位君王敢說這種話，整個歐洲為之震驚，英國尤其氣憤，德國的政治家幾乎嚇呆了。在這一波怒嘲中，威罕姆二世害怕了，他想把責任推到布魯王子身上，讓別人認為是布魯王子勸他發表這篇的談話。

布魯王子抗議說：「陛下，有誰會相信是我叫您發表的？」

布魯王子此話一說出口，他立刻知道自己犯了一個嚴重的錯誤，德皇立時暴怒。

威罕姆大叫：「你把我看成是隻笨驢啊，難道你就不會犯錯嗎？」

布魯王子知道，他應該在譴責之前先給皇帝一點讚美，但為時已晚，因此他只好試著補救，去讚揚皇帝。沒想到這個「補救」居然發揮了驚人的效果。

他尊敬地回答：「眾人們不會相信是我建議陛下發表這篇談話，是因為陛下在各方面都比我強，不論在國防軍事或自然科學，陛下都有深入的研究。我經常心懷崇拜地聽陛下對我講解道理、連最簡單的自然現象都要解

釋。但是也許我在歷史、政治方面的一些知識，能幫助陛下處理一些事情。」

皇帝聽了怒氣盡消，因為布魯貶低自己而褒揚他。

他們握手言和，重歸於好，威罕姆握著拳頭說：「若是有人在我面前批評布魯，我會一拳把他鼻子揍扁。」

布魯王子最終在緊急關頭替自己解了圍，也是他反應快。聰明人即使是得罪了對方，也會在很短的時間裡就知道自己錯在了什麼地方，並能想到解決的方法。

成功地說服別人就是在尊重他人的基礎上，找出最適合的方式，這樣能幫助自己實現順利說服別人的目的。掌握了這些簡單實用的說服方法，就可以在與人溝通中佔據上風，進而順利達到目標。

Chapter.2

零誤解說話法：完美表達**才能順利溝通**

為什麼經常被人誤解，主要原因在於你的表達方式。尤其是在職場，被人誤解可能葬送了你的前程。再也不用羨慕那些溝通順暢的人，從今天起，你就是擁有完美溝通技巧，一個真正能說會道的人。不再被誤解，因為你早已表達清楚。暢行職場，從不被誤解的表達開始。

第一節 自我表達的重要性

自我表達是人類普遍的需求之一，也就是說，社會裡的每個人都有自我表達方面的需求。人們彼此之間的交流，就是維持關係的重要手段與方法。表達能力強的人，就能很好地適應這個社會。而那些不善表達的人，則很難適應這個競爭激烈的社會。

自我表達的重要性不言而喻，不僅僅是表現在語言方面，還有體現在很多方面。其中，形象就是自我表達的最表層的語言。而只有當最表層語言表達清楚了，別人才會注意到你更深層次的語言。形象是自我表達的一種方式，因此，良好的個人形象有助於個人發展與建立良好的人際關係。

現代社會，自我表達的能力是非常重要的。有些人「只埋頭耕作，不尋求收穫」，他們認為只要自己努力工作就會帶來好的結果。而且，在以前也會有年紀大一些的人告誡年紀輕的人，只要踏踏實實地工作就一定會有好的結果。不應該去計較那麼多，只需要耕耘，至於收穫，那都是意外的，不要抱太大的期望。但是，現在不同以往，只會埋頭苦幹而不善自我表達的人多被埋沒。而機會更青睞那些敢於表達自己，善於表達自己的人。

想要將自己內心的想法與觀點表達出來，得到別人的理解與認可需要很大的勇氣。在工作中，讓同事，特別是老闆認識到你的能力，你的重要性，對於升職加薪是很有幫助的。

「不要認為什麼事情自己默默做了，不給老闆添麻煩，老闆就會喜歡你。重要的是，讓老闆知道你的重要性。」這是《杜拉拉升職記》裡面的一句臺詞，其中說的要老闆知道你的重要性，也就是說，將自己的能力在表現出來的時候，也還要表達出來。

「別以為悶頭幹活就能博得上司喜歡，這年頭酒香也怕巷子深。」這是杜拉拉總結出來的職場定律，對於這一點，嘉容是深有體會。

嘉容是一家外商公司的員工，在大四同學們都急著找工作的時候，嘉容就已經順利地在一家外商公司實習了。實習的時候經常加班，甚至一加就加到晚上十點，幾乎每天嘉容回到宿舍的時候，舍友們就都已經睡著了。

因為畢業之後想留在公司，所以嘉容工作的時候很認真，對公司加班從來沒有怨言，對於自己的工作也都是一絲不苟地完成，從來不麻煩同事。「有次都準備下班了，經理說又來了一批貨，要我整理統計。」嘉容心想，這是讓經理看見自己能力的好機會。於是，很出色地完成了工作。

嘉容工作認真、一絲不苟，但她卻從來只是默默地工作，不善自我表達，以至於後來自己的位置被別人取代了。公司在不久之後，來了一位英語系的畢業生，由於對方很擅長自我表達，而且英語口語表達能力也很出色，所以很快就將嘉容比下去了。

自我表達的重要性，它甚至在一定程度上決定我們的職業走向。有些人自認為能力很強，不需要表達，別人都能看得見。這樣的觀點放在以前，確實有一定的積極意義，但是現在的社會如果還是提倡這樣的想法與做法，那就只會給自己的職業生涯帶來隱患。

自我表達是非常重要的，它讓別人看清你的能力，認識到你的重要性。埋頭苦幹型的人已經不適合當今的形勢了，因此，學會自我表達才能助事業一臂之力。

第二節 誤解與偏差都是很正常的事

人際交往中，遭到別人的誤會是在所難免的。但是，在遭到別人誤解之後所採取的解決方式卻各有不同。有的人會對此感到委屈，有的人會認為對方太不瞭解自己，有的人則會因此怨恨對方……而所有這些方式都只會讓誤解越來越深。我們要清楚，誤解與偏差都是生活中很常見的事，關鍵在於如何避免誤解，化解矛盾，最重要的方式就是運用自己的口才能力將彼此的誤會化於無形。

最容易產生誤解與偏差的情況就是在工作中，身在職場，遇到誤解與偏差是很正常的事，不能因為出現這樣的情況就對自己的工作失去信心。無論什麼樣的工作環境，都會出現誤解與偏差，但如果處理不當，與同事之間的關係就會惡化。

產生誤解的原因是多方面的，其中因為代溝、待人處世的風格、教育背景等方面的原因造成的誤解最常見。

對於誤解，要先從自己身上找問題。即使不是自己的問題，也要平心靜氣地與對方解釋，把話說清楚。

正陽是一家汽車維修公司的採購員，主要負責採購汽車零件。有時為了替客戶找到合適的配件，正陽必須打上百通電話，甚至跑遍整個城市，工作十分辛苦。而同事們卻並無法理解正陽工作的辛苦，他們認為採購是一個肥差，總認為正陽撈了不少油水。

正陽一開始並沒有太在乎同事們的議論，但是有一次他剛採購一批零件回來時，同事們就開始起哄要正陽請客吃飯，這讓他很苦惱，因為自己從來沒有從中撈到任何好處。

正陽不知道該怎麼辦，要是說自己沒有好處撈的話，同事們不一定會相信；但要是不解釋，老是被同事們這樣誤解也很痛苦，況且如果不明不白地請他們吃飯，這就等於承認自己在採購的時候撈到了好處。

正陽的情況，其實很多身在職場的人都碰到過，同事之間由於種種差異，在對待工作的態度上有一定的不同。有些人就是喜歡用自己的思維方式去評判別人。遇到這樣的情況之後，既不能像正陽那樣惱怒抱怨，也不能將委屈憋在心裡，而是要將自己的想法說出來，把實情告訴大家，化解同事們對自己的誤會。

無論是生活還是工作中，發生誤解都是很正常的事，因為誰都無法知道對方心裡在想什麼。誤解既然發生了，就應該勇敢地面對它，冷靜下來仔細思考一下自己究竟是錯還是對。然後多與別人溝通，盡量站在別人的角度思考問題，反思自己的行為。

在與別人發生誤解之後，就應該積極地想辦法化解，而不是消極地等待。化解誤會最主要的方式就是積極溝通，運用溝通，將誤會消除。多思考一下，別人為什麼會誤會自己，究竟應該怎樣做才不會讓自己被別人誤解。

有的誤會比較深，不容易解決，這個時候就應該明白時間的重要性，時間能將一切都沖走，當然也包括誤會。如果我們在遇到誤會的時候善於站在別人的立場上思考自己的行為，就有助於我們改進自己的行為，最終消除誤會。

第三節 善用肢體語言

表達方法不是只有語言表達一種，肢體語言也是表達方式之一，它也能達到交流的作用。其具有的意義與語言是一樣的，甚至在有的情況下，它的表達效果比語言表達的效果還要好。

肢體語言的運用範圍與影響是很深的，有的跨國公司裡，如果不明白各式各樣的肢體語言，甚至還會出現溝通障礙。不但會影響你的團隊協作精神，還會影響到工作的正常進行。

肢體語言的作用有時候比有聲語言更大，在使用肢體語言與別人進行溝通交流的時候，需要在瞭解的基礎上加以融合。但是，在我們溝通的過程中，肢體語言的重要性還是常被拋棄在外處於被遺忘的境地。其實，肢體語言能幫助我們更好地表達意思，交流思想。我們也能透過別人的肢體語言更好地瞭解對方的意思。

肢體語言有很強的感染力，就比如說《００７》系列電影裡的男主角詹姆斯龐德之所以有那麼多女人喜歡他，與他的肢體語言是有一定的關係的。

他在交際時知道如何運用他深邃的眼神，自信的微笑和得體的動作來為自己在交際場合中加分。雖然這個人物是虛擬的，但是沒有現實生活中的原型，又怎能虛擬呢？雖說藝術高於生活，但是藝術也是源於生活的。

有的時候，透過一個人的肢體語言我們還能窺見對方的心理活動，大致瞭解對方心裡的想法。在與同事之間的交流中，肢體語言的運用也是相當重要的，而且即使是在面試的時候，也應該注意到其中的肢體語言，如果你對別人的肢體語言沒有準確的認識對你的前途沒有好處，甚至還會阻礙你的個人發展。

良珍正在準備一個很重要而且十分嚴格的面試，面試主要考察一個人的表達能力、溝通技巧等諸多方面。

面試的時候，良珍碰到一個強有力的競爭對手。但是，在面試的時候，那個女子的表現卻並不好，尤其她的肢體語言，根本沒有讓她的面試加分，還反而減少了她的得分機會。例如，她握手時只用指尖輕輕一握，和面試考官基本沒有眼神交流，細節之處似乎流露出一些傲慢。

相比之下，良珍在面試時身體語言就很適度而且豐富，她表現得很謙虛，這點讓她在面試中大佔優勢。而良珍面試時，自然地用掌心相觸的握手方式，力度也比較適中，這一點就已經比她的競爭對手更得人心。

最終良珍贏得了這個工作的機會，那位女子因為自己不合適的肢體語言而失去了這樣一個工作的機會。由此可見，肢體語言在生活中的重大作用。

生活中就是有這樣的情況，一個人無論是在能力上還是在資歷上，都比自己的同事們高出很多，但是，同事們都得到了晉升，只有他還是原地踏步，這是為什麼呢？可能就是和案例中的那個女子一樣，在工作中運用了那些表示傲慢的肢體語言，而沒有將自己應有的謙虛表現出來吧。巧妙運用肢體語言，能幫助我們贏得更多的機會，幫助我們順利走好職場之路。

肢體語言中還包括眼神，眼神可以透露一個人內心的祕密，如果在與對方的交流中對方始終不敢看著你的眼睛，那說明對方心虛或是沒有自信。如果你自己是這樣的人，就應該改變自己這樣的習慣，養成直視對方眼神的習慣，這樣能幫你帶來更多的友誼，實現與同事之間的良好相處。

在心裡對自己說自己有能力勝任這樣的工作，能在工作中與同事很好地相處，就能幫助自己在第一時間裡將自己的從容展現出來，改善自己與同事之間的關係。

第四節 勇敢說出自己的真實想法

無論在生活還是工作中，都要大膽地將內心的想法說出來，如果不敢說出內心的真實想法，那麼別人很難知道你在想什麼，尤其是在工作中，很可能因此而影響未來的前途。

職場上如果想要獲得成功，就必須將自己心裡的想法說出來，勇敢地表達自己的思想，將自己的聰明才智展示在大家面前。

生活中，每個人都有自己的生活方式；工作上，每個人都有自己的辦事風格。當你為自己定了目標之後，就不要在乎別人的看法，堅定自己的信心，踏踏實實地走下去，實現自己的目標。當別人阻礙了你實現目標的時候，你就更應該勇敢地說出自己的想法。

職場上，能夠做到勇敢地說出自己想法的人較容易得到晉升的機會。

琪茹出身於書香世家，從小父母對她就要求嚴格，從小學到大學也都是班級幹部。但是，她性格內向、敏感、膽小、不夠自信。這樣的性格缺陷造成了她在工作上無法較好地投入，面對工作上的壓力只會自己承擔，或者是將其指向自己的家人，不善於與同事以及上級溝通，無法將自己的真實想法說出去。

而琪茹所在的公司有自己的一套很成型的組織管理體系，上面的決策一旦下來，下級就會被要求嚴格實施執行，根本就沒有自由創新的機會，這樣的工作環境讓琪茹倍感壓力。而且自己的上級又是一個風格沉穩的人，碰到這樣的上級，讓琪茹覺得自己沒有受到重視。

前幾天，部門主管跳槽了，而且還帶走一名下屬。琪茹對自己的工作一向是任勞任怨的，現在的情況是她一個人要做三個人的事，壓力很大。儘管如此，她並沒有抱怨，依舊是勤勤懇懇地工作。但是讓琪茹想不通的是，自己在公司裡苦幹了三年，還是沒有得到升職加薪的機會，這讓她十分苦惱。

如果琪茹將心裡的真實想法說出來，給自己減輕心理壓力的同時，也會得到上級的肯定。像她這樣，將自己的想法埋藏在心裡，只會讓自己更累，不可能受到上級的肯定。

如果琪茹向上級提出要求，說明自己一個人無法完成三個人的工作量，或許上級在給她安排工作任務的時候就會適當減輕一些。但是琪茹並沒有這樣做，而是選擇沉默。這樣只會給上級一種「她很能幹，一個人可以做三個人工作」的假象。在安排工作的時候就會相應的給琪茹更多工作量。

說出自己的真實想法，不一定非要用語言表達，無聲的表達方式一樣可以表達出你的想法。很多職場中人不善於說出自己的想法，他們害怕將自己的觀點說出來，害怕別人的嘲笑，害怕激化衝突等等。他們的心中總是有許多想法「萬一自己的建議聽起來很幼稚、沒有可執行性，會被別人否決和取笑怎麼辦？」但正是這種沒自信的心理，導致了很多好的點子與方法一閃而過，得不到實施，從而埋沒了自己的才華。

將自己的想法大膽地說出來，這是一個人獲得成功的基本要素。但是，大部分人之所以平庸，在於他們只會埋頭苦幹，不敢說出自己的想法。

戰勝自己，勇於說出自己的真實想法，才會讓別人更好地瞭解你的能力。你的能力與才華也就不會被埋沒，會得到更多人的認可。希望得到別人的肯定，希望別人能夠懂你，你就應該勇敢地說出自己的想法。

第五節 爭議時的解決之道

同事之間，總是處於一種無法迴避的競爭態勢之中，在這樣的情況下，產生矛盾是在所難免的。但是，在矛盾與爭議產生之後怎樣解決，就需要一定的技巧了。

其實，與同事之間產生的爭議，大多數的情況下都是因為彼此對待工作的看法不同。對工作的不同標準、期望與看法不同，就造成了與同事之間的矛盾與爭議。假如你是一個工作效率很高的人，而你的同事或者下屬效率不高，你偏要用自己的標準去要求他們，這樣做只會讓你失望，讓同事不滿，讓下屬難堪，他們會認為你的要求不切實際。

那麼，在與同事相處的過程中遇到有爭議的情況，應該怎麼做呢？

首先，說話的時候要尊重對方，理解對方。在尊重與理解的基礎上與對方積極溝通，人與人之間是平等的，只有尊重對方，對方才會尊重你，你們之間的溝通才能順利進行。

其次，說話的時候要學會站在別人的角度思考問題。學會換位思考，多從別人的角度思考問題，為他人著想，這樣就會減少很多不必要的爭議。最後，與對方說話時達成共識。尋找談話的共同點，減少爭議。

透過上述幾種方法，即使與對方存在爭議，也能夠合理化解，達成共識。如果還是沒有達成共識，那麼解決爭議的最佳方式也就是求大同存小異了。

工作中產生爭議很正常，但是再正常的問題也都需要解決。讓我們來看看下面的例子：

葉子是一家廣告公司的策劃人，最近在工作上總是遇到同事和自己意見不同的情況。葉子不知道該怎麼辦，她也曾想過讓步，但是這就意味著自己的做法不對，因此也就抹去了主動讓步的念頭。這時葉子想到了自己的老同學——身為心理醫生的小牧，向小牧尋求幫助。

聽了葉子的述說，小牧給葉子的建議是：

1、如果那個問題不值得爭論，你就不要將時間浪費在那件事上，大家都是同事，目的都是一樣的，儘管辦事的過程會不一樣，但是最終所要達到的目的是一樣的。如果一件事情，對你們的工作沒有什麼影響，就不要爭執了，這樣即使爭出了高低，只會耽誤了做更重要的事情的時間。

2、對方與你的意見不同，要盡量讓對方說出自己的意見。尤其是在對待那些值得討論的事情時，更應該注意讓對方說出自己的想法。如果對方在說話的時候，你不給機會，不利於你們雙方找到問題的真正原因。而且，雙方的情緒都會受到影響。

3、即使與對方之間的爭議很大，也不能採取人身攻擊。對別人進行人身攻擊只能證明你沒有自信，這樣還會帶來不好的方面，最後只會弄得兩敗俱傷，不但不利於問題的解決，還會影響你與同事之間的關係。

4、在與對方解決爭議的過程中如果衝撞了對方，一定要向對方道歉。不要將道歉看成是丟臉的事情，如果你的歉意充滿真誠，你們之間的爭議會順利解決，而且你還會受到對方的尊敬，收穫與對方的友誼。

聽了心理醫師小牧的話之後，葉子明白如何在不損害與同事之間關係的情況下，將事情處理好了。

從上面的故事中我們可以看出，處理與同事之間的爭執不能只是讓步。

有的時候，你的讓步並不能收到你想要的結果，反而會讓同事以為你的觀點是錯誤的才會讓步，對你的能力還會持懷疑態度。

在工作中出現與同事之間的爭議與矛盾，逃避不能解決問題，只有正視它，並想辦法解決它，才是積極的方式，也才能解決好工作中的種種矛盾。

此外，在解決爭議的時候還應該注意對時機的掌握，在適當的時機說出適當的話，做出適當的事，就會收到良好的效果。而在不恰當的時機說出不恰當的話，那麼爭議不但得不到解決，還會因此而越來越深。

其實，在處理與同事之間爭議的時候，最重要的方式還是溝通。要將自己的想法與觀點及時地告訴對方，不要選擇沉默。出現爭議與矛盾的時候，最好的辦法是雙方開誠佈公地坐下來談，而不是將不滿壓抑在心裡。

第六節 你為什麼總被人誤解

身在職場，不免會出現被人誤解的情況，無論是被同事誤解還是被上司誤解，都與自己的行為有關。下面就是容易讓人誤解的幾種行為：

1、自我評價過高

在工作中，有的人總是將自己的能力看得太過重大，認為自己的能力足夠坐到最高的位置上，並且將自己的這種想法說給同事聽。同事對你的能力以及想法都會有比較客觀的瞭解，知道你的能力沒有達到你自己想要到達的地位，就會對你的想法與做法產生誤解。

2、認為自己能否成功最關鍵的因素就是機會

一旦有了這樣的想法甚至會被動地等待機會的來臨，而不是去爭取。這樣的行為不僅不會對自己的成功帶來好的方面，還會讓同事誤會你是一個好逸惡勞的人。

3、對待工作的態度

覺得自己做的事應該是別的部門需要做的，對待工作的積極性不高。如果心裡有了這樣的想法，你對待工作就沒有以前那麼積極，別的同事會將這種情況看在眼裡，對你就不會有好的看法。

4、認為工作中想要出成績，就得依靠長時間的工作

有了這樣的想法，甚至將這樣的想法付諸實現，同事們會認為你工作效率差，因為你的工作只能靠加班才能完成。要克服這樣的行為，就必須提醒自己，工作上講究的是效率而不是工作時間的長短。

5、過分依賴上司對自己的評價

上司的評價可能並不全面，而你對自己的認識才會更加全面。過分依賴上司的評價會讓人覺得你沒有主見，這樣對你工作的順利進行沒有好處。

6、覺得自己所處的位置不夠好，還是別人的位置好

這樣的心態是職場大忌，它會對你的工作產生不好的影響，不利於提高工作的積極性。你因為這樣的工作態度而帶來的工作效率，會讓人誤解你的工作能力。

如果不想被別人誤解，就要避免以上的情況發生。在職場中遇到被上司誤解的情況，大部分的人想到的都是極力辯解，消除誤會。但是，這樣的情況唯一能解決的方法，就是冷靜下來思考解決方式，等事情不再這麼尷尬的時候再向上司解釋自己的行為。

每個人都希望能留給上司一個好的印象，那麼我們在出現這種情況的時候最應該做的，首先就是承認自己的錯誤，等到事情不再這麼強烈的時候再向上司解釋當時的情況，這樣，上司看見了你替他做的事，對你的印象也會向好的方面發展。

總是被人誤解的人，往往都是在行為處事方面做得不太好的人，特別是說話的時候如果模稜兩可更容易被人誤解。想要避免這樣的誤解，就必須將自己的觀點以準確的語言說出來。而做事的時候，也應該準確地表現出自己的想法。

但是，被人誤解的情況也並不是只有語言或者是做事時才會出現的。有些人的工作性質也容易造成別人的誤會，即使他什麼也沒說什麼也沒做。

蕭蕭是一家公司的總經理祕書，最近因為她工作上的勤奮與努力，得到了上司的肯定，在公司的例會上受到了表揚。但是同事們對蕭蕭的態度卻發生了改變，蕭蕭自己也察覺到了。一開始的時候她還以為是同事們嫉妒自己受到表揚，後來就聽見同事們議論，說自己被表揚、被提拔是因為自己與老闆之間有什麼私人關係，或者是因為自己的外貌。

這讓蕭蕭感到很委屈，對朋友們說道：「難道祕書就一定和老闆有什麼私人關係嗎？祕書就不能憑借自己的實力得到老闆的賞識嗎？」

朋友說道：「祕書這個行業本來就容易讓人誤會，雖然他們也有自己的無奈，但是大多數人看不見他們的無奈。要當祕書其實很不容易，不但同事容易誤解，自己在工作上還會受到上司的氣。但是，對於剛開始工作的人來說，這還是一份不錯的起步工作。做好這份工作關鍵就是要調整自己的心態，不要被同事們的誤解打倒。」

職場上容易被人誤解的行為還有很多，面對這樣那樣的誤解，我們最應該做的就是以積極的心態去面對它，不要急於解釋。在事情發生的時候急於解釋，只會將自己陷入不利的地位。

第七節 理解萬歲：凡事多為他人著想

在與他人的相處中，學會凡事站在他人的立場上多替他人著想，能幫助自己與他人的良好人際關係的發展，幫助自己建立與他人之間的良好友誼。

在人際交往的過程中，你想要得到與他人之間的良好的友誼，就必須做到站在別人的立場上思考問題。想要得到他人的支持與幫助，也需要你對他人的支持與幫助作為前提。

人與人之間的交往是相互的，也是平等的，只有你先對他人給予一定的幫助，他人才會在你需要幫助的時候伸出援助之手。

第二次世界大戰期間，一位德高望重的英國將軍在自己家舉辦了一場規模較大的酒會。這次的酒會，他不僅僅邀請了英國廣大的上層人士，還同時邀請了一位作戰英勇的戰士。

當然，這位來自鄉下的士兵不懂得上層社會裡的規矩，剛進去就將面前那盆用來洗手的水喝了，頓時引起了那些所謂的上層人士的譏笑聲。那位士兵意識到了自己的無知，立刻顯得無地自容。

就在這個時候，將軍站起來，端起自己面前的那盆洗手的水，向全部充滿激情地說道：「我提議，為我們這些英勇殺敵，拚死為國的士兵們乾了這一碗。」說完，就將自己手上的水一飲而盡。

嘉賓們看見將軍的行為，也將自己面前的水一飲而盡。而士兵，被將軍替自己解圍的行動感動得熱淚盈眶了。

如果將軍也只是像在場的另外一些嘉賓一樣嘲笑士兵，士兵還會感激將軍嗎？顯然不會，將軍替士兵解圍的情況既體現了將軍的睿智，又能使士兵在接下來的戰役中繼續英勇殺敵，為國爭光。

生活中，我們看見了那些只為自己著想而不考慮他人感受的人，我們都會將他們說成是自私的人，這樣的人也是我們在生活中所鄙視的人。

學會替別人著想，還能幫助我們正確處理自己與他人之間的關係，即使是自己與他人之間出現分歧，設身處地地站在他人的角度處理問題，也能幫助我們將問題以最簡單的方式解決。為他人著想不是一定要幫助他人解決一些重大的事情，也可以是幫助他人解決一些小事情，只要能給他人帶來幫助就可以了。

在處理事情的時候多替他人想想，我們還會在這樣的過程中獲得快樂。對待別人的時候多一分寬容，少一分計較，不但能幫助我們得到他人的尊敬，還能讓我們成為一個深受歡迎的人。這樣對待他人的方式，對自己並沒有什麼影響，卻幫助自己贏得了他人的尊敬，充實了自己的內心與靈魂。

如果不善於替別人著想而只是一味地計較別人的行為，只會在讓自己在活得很累的同時，失去別人的好感。其實，出現這樣的情況是我們沒有站在對方的角度幫助對方，如果我們能與對方交換角色，設身處地的替對方想，就不會出現這樣的情況。

上帝答應一對夫妻，幫助他們完成自己的一個願望。這對夫妻的願望是一樣的——都是要請上帝幫助他們換成對方的角色，因為他們彼此都厭惡了自己的角色，覺得很累。

上帝答應了他們的請求，完成了他們的心願。此後，丈夫就變成了全職主婦，整天在家帶孩子、做家務，而妻子就變成了丈夫的角色，在外面賺錢養家。

變換角色之後的妻子為了維持家庭的生計，整天在老闆面前唯唯諾諾，在客戶面前百般逢迎。而變換角色之後的丈夫，在家也是整天圍著廚房轉，成了一個標準的黃臉婆。

這個時候，他們倆才意識到以前的自己有多麼自私，只會挑對方身上的毛病，變換角色之後才知道原來對方的生活也不好過。現在他們能體諒對方了，希望上帝能再實現他們一個願望——將他們變回原來的樣子。

上帝答應了他們的請求，但是要他們說出一個能夠說服祂的理由。

於是，夫妻雙方異口同聲地說道：「上帝！我們知道自己錯了，我們不懂得相互體諒，現在經由角色的互換，我們知道了對方的辛苦，我們以後一定會體諒彼此的。」

這個理由將上帝說服了，於是他們又回到了以前的樣子。雖然回到了以前的樣子，但是彼此都比以前寬容了很多。試想，如果沒有上帝幫助他們互換角色的插曲，他們會互相體諒嗎？不會，他們只看見自己的辛苦，看不見對方的辛苦。

很多人之所以是自私的，就是因為沒有設身處地地為他人著想。不會為他人著想，就永遠無法知道他人的生活狀態，也就不會知道他人的痛苦。想要與別人能更好地相處，學會站在對方的角度考慮問題就是其中最重要的一點。只有當你處在他人的角度考慮問題的時候，你才能真正體會到他人的生活，也才能得到他人的好感，成為一個受歡迎的人。

第八節 傷人話不可避免，及時彌補是關鍵

在與人相處的過程中，難免會出現不愉快的情況，碰見這樣的情況就應該懂得如何去解決。在說了那些傷害別人的話之後，立刻採取彌補的措施就成了必須做的事，尤其是在職場中。

在辦公室，不要將同事說的話太當一回事，這樣能幫助自己避免一些不必要的麻煩。自己也不要說出傷害同事的話，即使說了也應該盡快地給出彌補措施，否則，對自己與同事之間的關係處理沒有好處。

宏銘是一家公司的普通職員，他為人樂觀開朗，喜歡開玩笑，可是與同事們之間的關係卻並不是很好。這是因為，他說話的時候不會注意周圍的環境，在人多的時候也不會注意自己說話的方式。

有一天，公司裡的所有成員都在聊天的時候，他剛好從外面回來，聽見同事們在談論部門經理。後來，部門經理問宏銘道：「我真的有他們說的那

麼好嗎？」

宏銘笑著回答道：「他們沒有說錯啊，你是很好啊，但是他們說漏了一點，就是你還很會拍馬屁呢。」經理是個寬宏大量的人，聽見宏銘的這句話之後，也沒有生氣，只是仍然笑著說；「你都不留一點面子給我的嗎？一下子就將我的底全給掀開來了。」

宏銘這時才意識到自己說錯話了，連忙向經理說道：「經理，我人有點笨，也不會說話，幸好您大人有大量。」

這件事之後，宏銘開始反思自己與同事之間的關係，分析自己為什麼無法得到同事之間好感的原因。知道了自己之所以不能與同事之間實現良好的交流，就在於自己說話的時候沒有考慮到周圍的環境，也沒有考慮到同事的心情，只顧自己說話，根本沒有注意自己說話的方式。要是同事也用這樣的方式與自己說話，自己一定也不會喜歡同事們。

經由這樣的反思，宏銘在以後與同事來往的過程中，漸漸地學會了考慮同事們的感覺，不再像以前那樣毫無顧慮地說自己的話了。即使是在開玩笑的時候也開始注意自己的分寸，不小心說了傷害同事的話也知道要及時彌

補，所以與同事之間的關係得到了極大的改善。

同事之間說了一些傷害性很大的話之後如果不及時加以改正，不僅會傷害到彼此的關係，導致自己職場交際中的困境與失敗，影響自己的人際交往，還會影響自己的職場前景。

傷害別人的語言包括如下幾個方面的內容：

1、侮辱性的語言：最突出的特點就是侮辱對方的人格，這樣的語言方式最讓同事受不了。

2、誹謗性的語言：就是透過憑空捏造出來的事實，對他人進行攻擊，這樣的方式也很難讓對方接受，也是對對方傷害性極大的一種傷害方式。

3、指責性的語言：就是在對方做出錯誤的事情後，指責對方的行為。

傷害性的語言不僅僅表現在以上這些方面，還有許多方面的傷害也是對別人能造成不好的結果。上面的這些方面只是在職場中最常見的，並不是代表所有。

有的時候，人與人之間的關係就像兩隻相互取暖的刺蝟，距離太遠就覺得冷，距離太近又刺傷了對方。但是，保持適當的距離又是一件很不容易的事情。

在與很好的同事或者是朋友說話的時候，不要因為自己與對方之間很要好，就不去注意說話的方法。這樣不注意自己說話的方式，只會傷害到你們的友誼。

其實，傷害人心的話不只是會出現在同事之間，戀愛中的男女朋友之間往往也會因為對方的一句傷害性的話而走向分手。

美國一位少女被別人言語傷害自殺身亡。

十三歲的少女在網路上認識了假冒英俊少年的鄰居，對其十分信任和有好感。假冒者後來說要搬走，又說如此的愛她，引起少女的不捨，但隨後態度一百八十度大轉彎開始了謾罵，說少女肥胖，垃圾之類的。少女身心大受打擊，只好接受心理治療，但由於假冒者持續用言語傷害她，使其終於無法承受，上吊自殺而亡。

這是一則新聞，看完之後，大家都能明白言語上的傷害其實很大。我們在說話的時候，就要注意自己說話的方式及所使用的語言，看有沒有可能會傷害到對方，要對自己說的話進行仔細思考。要是想到什麼說什麼，不考慮對方的接受心境，就很有可能對對方造成傷害。

有的時候說出了傷害他人的話之後，即使是及時彌補，對別人的傷害還是存在，你們之間也不會再像以前那樣和諧了。所以，在與別人的相處中要盡量避免說出傷害他人的話，說出來了也要及時彌補，及時彌補比放任自流還是好一些的。

Chapter.3

陌生人：我也為你祝福

陌生人是你拓展人脈的最好機會，也許你的貴人就在他們當中。

很多人認為陌生人是最難接近的，往往採取躲避的態度。但其實與陌生人交談，並沒有想像中那麼難，只要掌握本章的內容，所有的陌生人將不再陌生。

第一節 主動攀談，陌生人變貴人

猶太人被稱為是世界上最會做生意的人，而他們在做生意的時候最注意的一點，就是從陌生人那裡開發客戶。

誰都知道拜訪陌生人是推銷員工作中的重要環節，但是為什麼有的人在與陌生人的交往中，無法將對方發展成自己的客戶呢？那是因為他們不善於與陌生人交往。其實，在與陌生人交往的時候，打破自己的心理障礙是關鍵的環節。

主動攀談，陌生人也能變貴人。假設你是一名推銷員，在與陌生人之間的交往中，說幾句關心的話，再向對方獻上一個真誠的笑臉，即使對方不買你的產品，也會對你留下好印象。

但是，並不是只有推銷員需要與陌生人交往，我們每個人都需要掌握與陌生人交往的藝術。因為有的時候陌生人能變成你命中的貴人，幫你實現自己的理想與目標。

成功者與失敗者之間的差別，甚至只是在於他們如何對待陌生人。成功者會主動和陌生人說話，會想辦法融入陌生人的圈子，但是失敗者在遇見陌生人的時候只會消極地迴避，在失去機會之後甚至還會抱怨自己生不逢時，這樣的抱怨只會讓他們更加失敗，並不會帶給他們機會。

想要成功就應該主動去結識那些陌生人，有了這樣的意識，離成功的距離也就不遠了。雖說，與陌生人之間的交流會給自己帶來一定的風險，或是遭到奚落，但是如果不去認識陌生人，不去與他們交流，你永遠也不會得到更多的可能，得到更多成功的訊息與機會。

一天，突然下起了雨，路上的很多行人都沒有帶傘，匆匆躲進附近的商店避雨。這個時候，一位躲雨的老婦人也蹣跚地走進費城百貨商店。這位老婦人的姿容略顯狼狽，衣著也很簡樸。因此，所有的售貨員對她都視而不見的。

只有一個年輕的服務員在看見老太太之後，向她走過來，說道：「夫人，我能為您做點什麼嗎？」

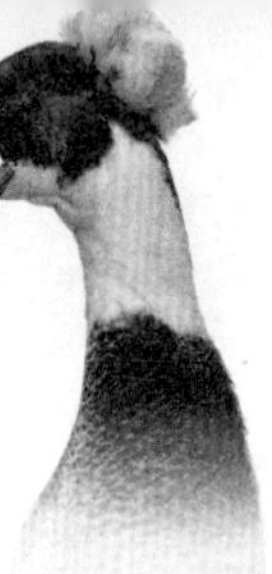

老婦人笑著說：「不用了，我在這躲一下子雨，雨停了就走。」話一出口，老婦人就覺得不妥，不買店裡的東西而只是來躲雨顯然不太好。於是，開始在店裡到處轉，即使只買一個小小的飾品，也算有個交代。正當她猶豫的時候，那個年輕的服務員又走過來，說道：「夫人，您不必為難，我給您搬一張椅子，您坐著休息就好了。」

於是，老婦人便坐下躲雨，對年輕人的印象很好。不久，雨停了，老婦人向年輕人道謝，並要了他的名片。

幾個月後，費城百貨公司的總經理詹姆斯收到一封信，信中要求將這位年輕人派往蘇格蘭，承包自己家族旗下幾間公司下一季度辦公用品的採購訂單。

年輕人善於與陌生人交談，為自己贏得了好感，也為其事業開闢了一條通向成功的捷徑。而那些對老婦人視而不見的售貨員，錯失了自己的「貴人」，最終與機會失之交臂。

成功人士，特別是人際交往中的高手，他們往往能透過自己的言行舉止，讓與他們初次見面的人對產生一見如故的感覺，並輕易地拉近彼此之間的距離。

亞里士多德曾經說過：「對陌生人應該友好，因為每一次與陌生人相遇，都是一次戰爭」。如果肯主動去結交陌生人，那麼你就會更加拉近自己與成功之間的距離，為自己的成功提供更多保證。

美國前總統羅斯福是一個善於與人交往的人。在他還沒有被選為總統的時候，有一次參加宴會，他看見席間坐著許多不認識的人。如何使這些陌生人都成為自己的朋友呢？他稍加思索，便想到了一個好辦法。

羅斯福找到了自己熟悉的記者，從那裡把自己想認識的人的姓名、情況打聽清楚，然後主動走上前去叫出他們的名字，談一些他們感興趣的事。此舉使羅斯福大獲成功。後來，他運用這個方法為自己競選總統贏得了眾多的有力支持者。

羅斯福這樣的做法是聰明，對方並不知道他是怎麼知道自己名字的，這也不重要，重要的是當羅斯福叫出對方名字的時候，對方心裡有被重視、被尊重的感覺，對他的印象也會更加深刻。而羅斯福也就是運用這樣的方法為自己贏得了更高的人氣，最終幫助自己競選成功。

與陌生人之間的交往就是這樣，你能一下子叫出對方的名字，對方就會有被尊重、被重視的感覺，對你的印象也會相應的有所改善。甚至在以後還會在自己幫得上忙的時候給予你一定的幫助。

海明威說過：「世界上沒有陌生人，只有還未認識的朋友」，這樣的一句話就說出了我們對待陌生人應有的態度，不能因為彼此之間不瞭解，就對對方懷有不正確的認識，甚至是偏見。要明白，朋友都是由陌生人發展而來的，善於與陌生人交流，就是善於抓住隱藏著的機會。

第二節 一張嘴就讓人喜歡你

俗話說：「逢人減歲，見貨添錢」。這也就是說每個人都愛聽恭維話。這樣的道理誰都明白，但卻不是誰都能一張嘴就讓別人喜歡自己的。

日本的商界奇才川口信一曾經說：「讚美你的顧客眼光好，比誇耀你的商品質量好要強百倍。因為顧客高興了，就會心滿意足地買你的商品」。

人生活在世界上，就是要與各種各樣的人進行直接或間接的溝通，所以，學會與人順暢地溝通是非常重要的。生活中，好口才讓你順風順水，生活如意；工作中，好口才助你事業成功，節節高昇。現代社會不善於說話的人，其處境往往是尷尬的。而一個會說話的人，當他一開口就會給別人帶來好的印象，也因此給自己帶來成功的機會。

一位名人曾說：「眼睛可以容納一個美麗的世界，而嘴巴則能描繪一個精彩的世界」。而西方的哲人也有這樣的總結：「世間有一種成就可以使人很快完成偉業，並獲得世人的認識，那就是掌握說話的技巧」。

由此可見，善於說話是一種應該掌握的技巧，奉行沉默是金的原則只是一種消極的生活態度。有時候，適當的讚美更容易贏得他人的好感，進而幫助自己事業的發展。

要想讓自己一張嘴就能得到別人的好感，適當的讚美就是重要的手段。現代社會，時時刻刻都需要與別人進行溝通，讚美更是交流時必不可少的說話技巧。說話時受人歡迎，不僅僅表現在說話的方式上，在說話的時候具有一定的親和力也是很重要的。說話具有親和力的人一開口就讓人喜歡，更能被別人接受。

玉梅是一家化妝品公司的老闆，她最不能接受的就是凱迪拉克車的推銷員開著福特的車四處遊說，人壽保險公司的經理自己不參加保險等等。所以，她要求自己公司的員工全都要用本公司生產的化妝品。

有一次，她發現一位新員工雨倩正在使用其他公司生產的化妝品，便走到雨倩身邊，微笑著向她說道：「妳在幹嗎？妳不會是在使用別的公司的產品吧？」她的口氣十分輕鬆，臉上洋溢著微笑。雨倩聽了老闆的話之後，臉都紅了，不敢說什麼，心裡直想這下完蛋了，肯定會被罵一頓。但是，玉梅並沒有生氣，而是徑直走開了。

第二天，玉梅就送給雨倩一套公司的化妝品以及護膚品，並對她說道：「如果在使用過程中覺得有不舒服的地方，請及時告訴我。」玉梅的這種很親和的態度，不僅讓雨倩消除了心裡的恐懼，還贏得了自己在雨倩心裡的美好形象。後來，公司所有的員工都有了一套適合自己，而且是公司所生產的化妝品和護膚品，玉梅親自為員工們做示範，還告訴員工們，以後員工在購買本公司產品的時候會有一定的折扣。玉梅在與員工說話的時候，態度很親和，語言也很友善，在工作中更能與員工打成一片。

具有親和力的說話方式，能將你的思想及時地傳到對方的心裡，使你能更好地與對方相處，贏得對方的喜愛與歡迎。如果你是一個具有親和力的人，在與人交往中別人會對你產生親切感。

因此，要掌握一定的方式，在會說話的基礎上培養自己的親和力。

第三節 引起共鳴是深聊的開始

與別人的交往中，說話是必不可少的。然而，說話的時候還是應該注意自己的方式，在與對方說話的時候找到與對方之間的共同話題很重要。只有找到了與對方之間的共同話題，引起彼此之間的共鳴，對方才會願意和你說話，你們之間的談話才能更加深入地展開。

要達到與對方之間的共鳴，重要的就是在交談的過程中與對方「同步」，選取雙方都滿意的話題。共同話題的選擇也是有技巧的，選擇得好，會讓你與對方之間的談話順利進行，選取得不好，只會讓你們之間處於無盡的尷尬狀態。

所謂與對方之間的共鳴就是你說出來的話，對方能明白，願意聽。人與人之間的交往最多的就是語言上的交流，想要與對方愉快地交談，就必須找到彼此之間的共同話題。

在尋找共同點的時候，透過觀察初步瞭解對方身上的一些小細節，比如說，對方的髮型、著裝、隨身物品，說話的語氣語調，這些細節都會給你帶來一定的啟示，都能幫助你在尋找共同語言的時候提供幫助。

如果你將要去拜訪一位陌生人，事前對對方的瞭解就變得很有必要。打聽一下對方的具體情況，將有助於你們之間話題的展開。

一位業務員去一家公司銷售電腦的時候，偶然看見該公司老闆的書架上放著幾本關於金融投資方面的書籍。由於自己對金融投資業很感興趣，所以就和這位老闆討論起了投資的話題。結果，兩人彷彿是至交好友，從股票聊到外匯，從保險聊到期貨，聊歐元的增值，聊最佳的投資模式，聊得都忘記時間了。

而業務員卻始終沒有忘記自己到這裡的目的，知道自己能透過這樣融洽的談話達到自己的銷售目的。因此，也就沒有太過注意時間，只是一直和那位老闆說話。

直到中午的時候，那位老闆才突然想起來，問業務員道：「你銷售的那個產品怎麼樣？」

業務員聽見這位老闆的話之後，知道機會來了，就將自己的產品給老闆做了一下介紹。老闆聽完之後，馬上就對業務員說道：「好的，沒有問題了，我對你的產品很有興趣，我們約時間多瞭解一下。」

這位業務員善於在細節處發現與老闆之間的共同話題，進而使自己的銷售目的得以順利實現，而老闆也彷彿找到了知己，這樣的談話方式，對談話的雙方都是有好處的。業務員不僅達到了自己的銷售目的，還有了一次愉快的談話，而老闆不僅有了愉快的談話，也買到了自己想要的產品。

找到了與對方之間的共同話題，雙方之間的交流就會變得輕鬆很多，對方也會很高興，可以說是兩全其美的事。

尋找共同話題，就是要在說話的時候，意識到你們之間對什麼樣的話題感興趣，什麼樣的話題能引起雙方的共鳴。就像是寫文章一樣，有了好的題目，往往會文思泉湧，一揮而就。說話的時候也是一樣，有了雙方比較感興趣的話題，你們之間的談話就會繼續下去，為深入交談埋下伏筆。

其實很多人在做事時都是跟著感覺走的。雖然這樣的話沒有多少人相信，但是，事實就是如此，即使是在交朋友的時候也是一樣，感覺對了就會繼續交往下去，感覺不對就無法再相處。

在人與人之間的交往中，人們的態度、觀點、文化背景、年齡、性別、興趣、愛好、地位和經歷等方面的相似性，可以增加彼此之間的吸引力。這樣的相似性，在某些程度上和物理上的固有頻率相似——當兩個物體之間的頻率相一致的時候，就會引起共鳴，這樣的頻率就叫做固有頻率。相應的，在與朋友的交往中，能找到這種固有頻率，就能幫助我們交到好朋友。

找到與對方之間的共鳴，也是有一定技巧的。尋找共鳴，首先就是要找到與對方之間的那種「固有頻率」，找到「固有頻率」之後，就不難找出彼此之間的共同話題。

當然，尋找共同點，並不是說要尋找你與對方之間完全相同的地方，不可能有一個人是和你完全相同的，即使是雙胞胎也會有一定的差異。那麼，你在尋找雙方共同點的時候，就應該秉持「求大同，存小異」的原則。忽略雙方的不同，盡量找出雙方之間的相同的地方，這樣的方式才能幫助自己增進與對方之間的吸引力，你們之間的交往也才能順利進行，並產生進一步交談的欲望。

第四節 學會看臉色說話

察言觀色的說話方式，在人際交往中的重要性不言自明。但是，如何將它運用於實踐卻並不是每個人都知道的。這也就是為什麼有的人會說話，有的人不會說話的原因。

掌握了察言觀色的能力，會讓你在人際交往中如魚得水。不會察言觀色就相當於不知道風向就去轉動舵柄，這樣只會讓你掌舵的船翻進風浪裡。

直覺雖然很敏感，但是容易受到蒙蔽，懂得如何推理和判斷才是掌握察言觀色的重要環節。學會察言觀色，就是要我們在與別人的交往中，經由對方的臉色看出對方的心境，這在與人交流的過程中很重要。

德國貴族奧廷公爵有匹寶馬。令人感到驚奇的是，這匹馬之所以被稱為寶馬，不在於它能日行千里，夜行八百，而在於牠會做加法題。這引起了許多人的興趣，有的人想讓牠出醜，可是失敗了。

動物學家們對牠進行了一番研究，最後得出一個結論，那就是這匹馬會察言觀色。牠靠著這本領，才得出了正確的答案。

舉個例子說，當你問牠「五加五等於幾？」時，牠會一邊敲蹄一邊觀察你的反應。當牠敲到第十下時，你面部的表情發生了變化，露出了讚許的目光，你頷首微笑，牠就知道，這就是答案，牠明白了你的意思。

兵家講究「知己知彼，百戰百勝」，其實在職場上也是一樣，身為下屬，你也應該對自己的老闆有所瞭解，甚至瞭解老闆比瞭解你自己更重要。

美國第二十八任總統威爾遜是一個非常固執的人，任何人的意見他都聽不進去。不可否認，威爾遜是一個非常有才能的人，但他也是一個非常自負的人，總是瞧不起別人的意見。對於別人的意見要麼是批評，要麼就是根本不予理睬。但是，有一個人例外，這個人就是他的助理豪斯。

為什麼威爾遜會對豪斯如此特殊呢？據豪斯自己說，有一次，他被單獨召見，在明知總統聽不進去別人意見的情況下，將自己的意見說給了總統聽，因為他這次說的政治意見，是自己仔細研究過也認為相當可行的，所以就將它說了出來，並且說得理直氣壯。

同樣的結果，總統沒有表示任何接納的意見，只是說：「在我願意聽廢話的時候，我會再次請你光臨。」

但是，在很多天之後的一次宴會上，豪斯很驚訝地聽到威爾遜正在把他數天前的建議，作為總統自己的見解公開發表。這件事，使豪斯恍然大悟，懂得了向總統貢獻意見的最好方法：避免他人在場，悄悄把意見「移植」到總統的心中。

一開始，讓總統不知不覺地感興趣，然後使這計劃成為總統自己的「天才構思」而公之於眾。最後，使總統堅定不移地相信是他本人想出了這個好主意。這樣，他的計劃就能順利地被總統採納。

豪斯能取得這樣的成功，也是因為他瞭解了總統的心理。豪斯善於察言觀色，透過觀察，分析出總統的心理，知道運用什麼樣的方式更能讓總統接受自己的見解，所以威爾遜在以後的時間裡，對豪斯合理的意見都予以採納。但是，如果別的官員也能做到像豪斯那樣瞭解威爾遜，相信他們也就不會得出「威爾遜是一個非常固執的人」的結論了。

學會看臉色說話，就是在維持自己尊嚴不受侵犯的同時，將自己的觀點說出來，並能保證自己贏得他人心目中的好印象。這就需要像豪斯那樣，對自己的上級有一定的瞭解，看清他的心理。

在與上級說話的時候，尤其要掌握察言觀色的說話方式，而且還要考慮上級的性格。如果你的上級是一個整天都懷疑你偷懶的人，你的一舉一動都掌握在他的眼皮底下。那麼，對於這樣的上級你最應該做的，就是將自己一天裡的所作所為全部告訴他，讓他放心。

如果你的上級是一個近乎苛刻的工作狂。對於這樣的上級最好的做法，就是不斷地找出問題向他請教，讓他感覺到你在他的領導下確實有進步，這樣能為你贏得賞識。

如果你的上級自身工作能力不強，總是擔心你會超過他，取代他的位置。這時候你需要做的就是收斂自己的鋒芒，做到謙虛謹慎，只有這樣才會得到他的信任與賞識，消除對方的戒心。即使是在向上級匯報工作的時候，也應該盡量地隱藏自己的真正實力，並從與上級的交流中發現對方的閃光點，對於對方的閃光點進行讚揚，這樣能激起對方的信心，對你的印象也會大有改觀。

總之，無論遇到什麼樣的上級都應該先對對方有所瞭解，再去尋找合適的溝通方式，這對自己的職場之路是很有幫助的。

察言觀色是溝通中的重要技巧，學會看臉色說話，該說時說，不該說時不說。掌握了這種說話技巧，你的溝通能力將會取得明顯進步。

第五節 套近乎要掌握尺度

工作上，總是有些人希望得到上級或者是同事們的肯定，因此常常採用套近乎的方式。但是，在套近乎的時候也是需要掌握一定技巧的，太過火了只會讓對方覺得虛偽，只有將套近乎發揮到恰當的火候，才會收到自己想要的效果。

剛剛進入職場的人尤其渴望得到同事們的讚賞，而那些與上級以及公司一起成長起來的老員工，甚至還會打壓這些新員工。他們認為自己為公司作的貢獻是新員工無法取代的。面對老員工的打壓，需要做的就是適當地讚美對方，恰當地與對方套近乎以贏得對方的好感。

在工作中不僅需要和同事套近乎，更多的時候需要與上級搞好關係。稍微不注意你的方式就會得罪對方。有的上級往往在潛意識裡覺得自己的能力很強，所以與這樣的上級套近乎的時候，要掌握如下的方式。

首先，在平時的工作中要表現出你對他能力的認可與欽佩，時不時地向他請教，在對方面前要謙虛。當你的工作成績的出色時，應該將其中一部分功勞歸結在他的身上，多多強調他的作用。

其次，適時地拍一下對方的馬屁，也是一種不錯的套近乎方式。但是，一定要掌握其中的尺度，不要讓他以為你拍他的馬屁只是為了你以後的升職，這樣會讓你在他心裡的形象變得不好。

再次，將所有出風頭的事情讓對方去做，自己作為下屬，只是陪襯。人人都愛面子，在處理那些出風頭的事情時，沒有掌握好其中的原則，他們可能會在以後的工作中讓你為難。做到了將出風頭的事交給上級去處理，你以後的工作就會更加順利。

職場生涯，每個人都會遇到不同類型的老闆。但是，不論對方是什麼類型的都應該學會與對方和諧相處。這樣不僅僅能鍛鍊我們處理難題的能力，還能幫助我們的職場之路越走越寬。

佳媛和玉秋是一起進入公司的同事，而且還是同個部門的。這樣往往就是最容易成為競爭對手，雖然兩個人都是剛進入公司的，也都是剛畢業的大學生，但是兩個人在處理事情的時候，態度卻是大不一樣的。

玉秋很會和老闆套近乎，很會做表面功夫，在老闆面前偶爾撒一下嬌，展現自己的單純與可愛，主動要求工作，顯示自己很熱愛工作，與同事相處的時候即使不喜歡對方也不會說出來。

而佳媛的處世方式卻和玉秋完全不同，儘管別的同事也勸說佳媛應該向玉秋學習，多和老闆溝通，對自己的工作有好處，但是佳媛就是做不了這樣的事情，總是認為這種事只有小人才會去做，正人君子是不屑於去做的。在工作中總是將自己的喜怒哀樂寫在臉上，也因此得罪了不少同事。

過了一年，公司裡有個職缺，需要在公司內部提拔一位同事出來。於是，受同事們喜歡的玉秋就順利地升職了。這讓佳媛感到很不平衡，「我們是同時進公司的，我的工作能力也不比她差，就因為她比較會與上級拉攏關係就能升職嗎？」

工作中，善於與上司套近乎，升職的機會可能會大一些，善於與同事套近乎，給自己累積一定的人脈關係，升職的機會也會相應增加，而且工作也會更順利地進行。但是，什麼事情都有自己的尺度，套近乎也不例外，太過，只會讓對方覺得虛偽，看不見你的誠意。

第六節 與陌生人說話更需要尊重

尊重他人是一種美德，也體現出一個人的內在修養。無論與任何人交流的時候，尊重都是應該注意的方式，尤其是在與陌生人交談的時候，更是必須的。

想必每個人都知道應該尊重別人，但是能做到這一點的人卻不多。有些人在與別人說話的時候，根本不給別人說話的機會，或者不注意聽別人講話，自己想做什麼就做什麼。這樣的做法就是對別人不尊重的表現。其實，你在尊重別人的時候，也就是在尊重你自己。無論是怎樣的人，他的內心都是渴望得到別人尊重的，即使是剛見面的陌生人，也需要你的尊重。

家琦是一家大型公司裡的部門經理，也是外人眼中光彩照人的高級白領，穿梭在高級辦公大樓裡，管理著十幾個下屬。但是，金融危機的到來使其公司備受打擊，公司在不堪重負的情況下只好裁員，而裁員對象正好是家琦這樣的中層領導階級。

失業之後的家琦，回家當起了全職家庭主婦，昔日光彩照人的職業女性形象也一去不復返了。後來，不甘心就這樣在家當家庭主婦的家琦，開始投遞履歷，終於有一家公司回應，雖然公司的職位無法與其當初的職位相提並論，家琦還是答應了這家公司的面試。

面試當天，家琦因瑣事在電梯裡與一位衣著土氣的女士發生了爭吵。但她沒有想到的是，剛才那位與她發生爭執的女士正好是今天的面試官。家琦知道這下子肯定沒戲唱了，只好轉身離開了該公司。

家琦就是沒有注意到陌生人的重要性，沒有處理好自己與陌生人之間的關係，將潛在的工作機會丟掉了。有的時候就是這樣，與陌生人之間的關係甚至會對我們造成很大的影響，要是家琦在電梯裡給予眼前這位土氣的陌生人相應的尊重，就不會有這樣的結果了，這也是我們在為人處世時應該注意的。

對陌生人的尊重同樣表現在傾聽對方說話上，在與陌生人說話的時候，不要急於辯駁，而應該耐心傾聽，這樣可以幫助自己交到一個好朋友，有的時候甚至對自己的事業發展也是有好處的。

建亭是一家著名裝飾公司的資深設計師，他們公司的設計費用很高。有一天，公司裡來了一對老夫婦想咨詢裝修的事情。

由於這對老夫婦穿著一般，所以當他們進來的時候，大部分設計師都以為他們只是來咨詢，不會有下訂單的可能，所以覺得去向他們解釋那些裝修上的事情只是浪費時間，就都在繼續做自己的事情。當那對老夫婦茫然地站在大廳的時候，只有建亭走上前去將他們請進了會議室。

在會議室聊了一會兒之後，老先生顯得有點不好意思了，對建亭說道：「最近我們手頭有點緊，別人欠著我們的錢還沒有還……但我們還是很想將房子裝修一下，不知道行不行……」

建亭瞭解老先生的顧慮，笑著對老夫婦說道：「預算多一些的話，就能做的複雜一些、精細一些；而預算少一些，也是可以進行相對簡單的裝修，我們會盡量滿足您的裝修要求的。」

聽完建亭的話之後，老先生說道：「恐怕錢真的不夠，除去這個月的開銷之後恐怕只會剩下九十來萬了，你看，這些錢夠嗎？」

建亭的笑容凝固在了臉上，後來經過和老先生的深入交談，得知這對穿著土氣的老夫婦做運輸生意很多年，到現在已經擁有了一個大型車隊，在郊區也有很多別墅。

老先生也有自己的苦衷，說這些房子都是生意上的合作夥伴因為沒有錢付運輸費，抵押給他們的，所以他們想將這些房子裝修後租出去……

建亭沒有想到，這樣一對貌不驚人的老夫婦居然是那麼有錢的人，也為自己能簽到這樣大訂單感到慶幸。

建亭在與夫婦倆說話的時候始終面帶笑容，讓他們感覺到了尊重。如果自己像其他的同事一樣，對他們不理不睬，恐怕就失去一個大客戶了。

現實生活中，與朋友說話的時候需要尊重，與陌生人之間的交往更需要尊重。人與人之間的交流都需要建立在尊重的基礎上。

第七節 學會**拒絕**陌生人

拒絕，就是不接受。但是，在拒絕別人的時候也不要將話說得太絕，這樣對自己、對他人都不好。尤其是在拒絕陌生人的時候，更是要留給對方一定的臺階。

在與同事或朋友的相處中，我們往往不太會拒絕對方，對於他們的請求，即使能力不足也不會輕易拒絕。

但有時即使是陌生人，我們為了顯示自己的友好，也不會輕易地拒絕別人，不過這樣可能會讓自己很累。

其實，如果你無法給予別人幫助，尤其是陌生人，就應該堅決地拒絕。否則，在答應了對方的請求之後又無法做到，會讓對方有你在騙他的感覺，對你的印象也會大打折扣。

只是，在很多的時間裡我們都害怕傷害別人，就對別人有求必應，但這

樣做也是在傷害自己，那些成功的人士們都是敢於說出自己真實想法，善於拒絕的人。

成功的人敢於拒絕別人，但是他們在拒絕別人的時候，還是會掌握一定的說話方式的。他們會在這個過程中做真實的自己，同時也會活得更加輕鬆與坦蕩。

浩庭是一家公司新招聘進來的員工，對於公司裡的同事都還很陌生。不過他對於同事們的要求都是有求必應，從來沒有拒絕過，所以同事們總是要求浩庭幫自己做一些事情。但是，浩庭漸漸地感覺到自己很累，在與大家熟悉起來之後，也學會了拒絕他們的不合理要求。

不過，其他部門的同事有時也將自己工作上的一些事情交給浩庭處理。而浩庭因關係不熟，不好拒絕的心理，一次次地接受他們的請求。一個同事問浩庭為什麼不拒絕那些同事的不合理請求，他說道：「他們是我不熟悉的人，我不知道怎樣拒絕。」

無論是在工作中還是在生活中，我們都應該學會拒絕，只有學會拒絕，才會讓我們的生活與工作輕鬆一些，才不會給自己帶來無謂的煩惱。當對方對你提出要求的時候，如果你很忙，就說出你自己的理由，相信別人都是會理解的。

在決定要拒絕對方要求的時候，態度一定要堅決，但是在說話的時候語氣不能過於強硬。在拒絕別人的時候，需要掌握一定的方式，常見的方式有四種：直接拒絕、婉言拒絕、沉默拒絕、迴避拒絕。這些方式都是從語言技巧上說的。

直接拒絕，就是說在拒絕對方的時候，直接地說出自己的立場。這樣的情況，應該將自己的實際情況說出來。但是，在說話的時候應該注意自己的語氣，不能太生硬，態度也不能過於冷淡。並且在這樣的過程中說出自己的原因，並對對方表達自己的謝意，表示自己不是不通情達理，而是有自己的難處。

婉言拒絕，就是將自己心裡的想法婉轉地說出來。這樣的表達方式能帶給對方更多的尊重，讓對方更加感覺到自己的重要。即照顧到了對方的尊嚴，又不會加重自己的負擔。

沉默拒絕，就是在對方提出自己的請求時，保持沉默，這樣的做法能給對方以一定的威懾。但是，在採用這樣的方式時，應該注意一些細節，因為這樣的方式很容易讓對方誤會，讓對方感到你在傷害他。

迴避決絕，就是在對方提出要求的時候採取迴避的方式。對於對方的請求不拒絕但也不接受並轉移話題。在遇到自己難以解決的事情時，這樣的方式就是最合適的。

拒絕是一門藝術，要讓對方感覺到我們的善意與真誠，進而獲得對方的信任與理解。

Chapter.4

職場金口才是練出來的

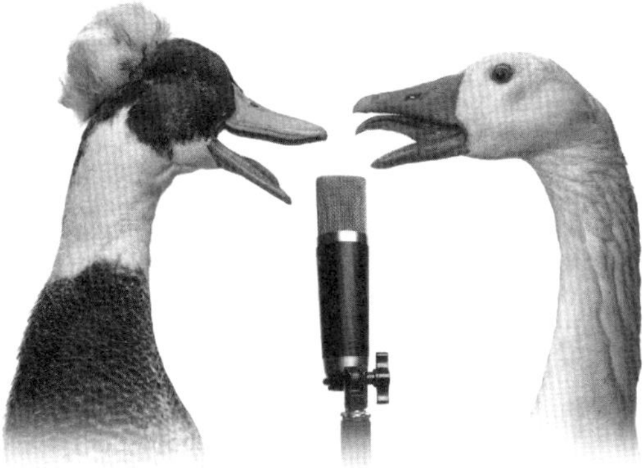

身在職場，一副黃金口才是你晉升加薪的關鍵，然而那些能說會道的公司能人並不是一開始就這麼會說話，他們也是經過多年的鍛鍊而成就了如今的口才。

所以，人在職場，一定要鍛鍊自己的口才，口才基本功就顯得尤為重要，看似簡單的方法卻是你勝在職場的終極武器。

第一節 注意說話的速度

一個人說話速度的快慢，反映出他是伶俐還是遲鈍，也體現出一個人的氣質。說話速度快的人，顯然是伶俐的、反應快的，而說話速度慢的人則是比較遲鈍與木訥的。

會說話是一個人氣質的表現，因此，培養能說會道的金口才，就要在平時注意鍛鍊說話的速度。

但是，突發情況下說話的速度，是與一個人的深層心理有關係的。比如，平時能說善辯的人，突然變得口吃起來；或者相反，平時說話不得要領的人，突然說得頭頭是道。這就得注意是否發生了什麼事情，以致影響他們心理上的重大變化。

對一些自己不滿或懷有敵意的人，因為不願交往，說話速度都會不自覺地放慢，甚至讓人感到好像不大會說話。相反，心懷愧意或想要說謊時，說話的速度往往會快得嚇人，特別是想取得對方諒解時，不僅速度加快，還會找些話題，以圖親近。

一般人在深層心理有煩惱不安或恐懼等情感時，說話的速度就會變得很快，想以此自欺欺人，緩和內心的不安與恐懼。但是這種情況下，他們說話往往沒有經過思考，所以說出來的話常是空泛的。如果你是一個感情細膩的人，就會發現他們說話時的漏洞，能看出他們內心的不安定，不平靜。

工作中也是這樣，一個平時沉默寡言的人，突然說很多話，就會讓別人認為他內心有不想讓別人知道的祕密。

有時候說話太快，會讓人聽不出你所要表達的意思，這樣的說話方式不利於個人發展。言辭準確，達意清楚，這是一個人最基本的口才能力，如果說話過快，不經過大腦，連自己都不知道在說些什麼，那怎麼能讓別人聽懂呢？

說話語氣的特徵之一就是速讀，說話速度快的人多半都是伶俐而且能言善辯的人，而說話速度慢的人多半是較為木訥的人。說話的速度不僅受內心深處的影響，而且還與自己周圍的環境有關係。

在語言交流中，講話的快慢將不同程度地影響你向他人傳遞信息。速度太快如同音調過高一樣，給人一種緊張和焦慮之感。如果你說話太快，以至於某些詞語模糊不清，他人就無法聽懂你所說的內容。說話速度太慢，則說明你過於謹慎。在說話的時候，應該注意保持恰當的說話速度，不能太快也不能太慢。

當你想和別人交談時，選擇合適的速度可以引起他人的注意。任何情況下都不能吞吞吐吐。偶爾的停頓無關緊要，但不要在停頓時加上「嗯」或緊張不安地清一下嗓子。

說話的快慢雖然是由一個人的氣質與性格決定的，也可以說這是一種說話者本身具有的具體條件特質。控制說話的速度，能對別人理解自己說話的意思有很多好處，為了更好地表達自己的意思，就應該注意控制自己說話的速度。說話速度太快，會讓別人無法聽清楚你說的話。

一旦控制住了自己的語音以及說話的速度，就會漸漸能駕馭它了。為了滿足聽眾的需求，你可以放慢自己說話的速度；你可以根據一天的工作安排、聽眾的類別、當時的氣氛等因素來調整自己說話的聲音、說話的速度，以應付不同情景的需要。

整體來說，你說話的速度沒有必要比子彈還快，也沒有必要像河馬走路一樣遲緩，既勿太快，也不要太慢，重要的是順暢無阻。這一點你得根據自己的實踐經驗慢慢總結累積。

第二節 音調節奏的掌握

人們在說話的時候，情緒的起伏會影響說話的速度與節奏。而速度與節奏的變化一般都會透過音調的輕重強弱、吐字的快慢斷連、重音的各種對比，以及長短句式、整散句式、緊鬆句式的不同配合才能實現。在說話的時候掌握這些規律，就能在說話時做到快慢適中，快而不亂，慢而不斷，進而能增強語言形象的美感。

「餘音繞梁，三日不絕」優美的聲音能帶給人美的享受，是別人都愛聽自己說的話。這是因為聲音是語言的載體，而想要讓自己說的話能打動別人，就必須讓自己的聲音富有感染力。

有一次下班途中，小魏遇到自己的同事，他知道這位同事是剛看完球賽的。所以，就問這位同事：「這場比賽誰贏了？」

那位同事興奮地回答道：「日本隊大敗韓國隊奪得冠軍。」

小魏迷惑了，不知道到底是哪個隊贏了，於是又去問別的同事，才知道是日本隊贏了。

那位同事說的話，就是沒有掌握好其中的節奏。其實說話的節奏就是說話的快慢，書面語可以借助標點符號將句子斷開，以便讓內容更加具體與準確，讓人更加能接受。而平時說話的時候，就應該借助說話時的停頓，這樣才能幫助我們更好地表達自己的觀點，否則只會出現像這樣的表達障礙，自己的話讓人聽不懂。

生活中就是有些人說話很快，說起來不會將句子斷開，一口氣把話說完，這樣的說話方式別人很難聽明白你的意思。而有一些人則正好相反，甚至是兩個極端，說話時很慢，半天都沒有辦法說出一句話，這兩種方式都是應該避免的。

說話要有節奏，該快的時候快，該慢的時候慢，該起的時候起，這樣有起伏，有快慢，有輕重，才能形成了口語的樂感和悅耳動聽，否則話語就不感人，不動人了。口語中有規律性的變化，叫節奏。有了這個變化語言才生動，否則就會顯得呆板。

有位義大利的音樂家，他上台不是唱歌，而是把數字有節奏地、有變化地從一數到一百，結果傾倒了所有的聽眾，甚至有的感動得流下了眼淚，可見節奏在生活中是多麼重要。

節奏主要體現為快慢和停頓。說話沒有節奏變化就會像催眠曲一樣使人昏昏欲睡，反之，如果能夠掌握好說話的節奏，就會使人願意聽，喜歡聽。掌握好了說話時的節奏，不僅能使別人願意聽你說話，還能讓別人更容易聽懂你說的話，而且，還有利於自己與他人的順暢溝通。

某大學舉辦寫作知識講座，主講老師在談到細節描寫時，提出了這樣一個問題：「請問同學們，男生和女生回到宿舍時，摸鑰匙開門的動作有什麼不一樣呢？」然後就閉口不言，停頓下來，讓同學們自己去揣摩。

臺下的大學生們頓時活躍起來了，有的私下議論，有的舉手回答，有的乾脆掏掏口袋，模擬自己回宿舍時找鑰匙的動作。

等同學們討論過一陣子，老師才說：「據我觀察，大多數的女生才上樓梯時，手就在書包裡摸索，走到宿舍門口，憑感覺捏住一大串鑰匙中的某一把鑰匙，往鎖孔裡一塞，正好門開了。

而大多數的男生呢？他們匆匆忙忙地跑到宿舍門口，『砰』的一腳或一掌，門打不開後才開始找鑰匙。摸了書包摸褲袋，摸了褲袋又摸衣袋，好不容易摸到了鑰匙串，把鑰匙往鎖孔裡一塞，打不開。原來鑰匙又摸錯了。」主講老師的描述引起了會場中一片會心的笑聲。

等到同學們的笑聲過後，老師趁勢總結道：「把男女生回宿舍摸鑰匙開門的動作描述出來，就是細節描寫，而細節描寫的生動又源自於對生活的細緻觀察。」

這位主講老師巧妙地利用停頓，讓聽眾探索懸念的答案，然後利用解答懸念拋出講學要點，取得了很好的教學效果，這就是利用說話節奏的效果。

老師接著對學生們說道：「那麼我們應該怎樣才能掌握好說話的節奏呢？其實也沒有什麼神祕的地方，只要掌握好什麼時候應該減速，什麼時候應該加速就可以了。

第一，說話時應該減速的地方有：需要特別強調的事情；極為嚴肅的事情；勉強控制的感情；使人感到疑惑的事情；數據、人名、地名等等。

第二，說話時應該加速的地方有：任何人都知道的事情；不太重要的事情；精彩的故事進入高潮時；無法控制的感情等等。

說話的節奏和說話的語氣一樣，都會影響到聽眾。說話的節奏不同，給人的感覺也不同，說話的節奏快了，會給人一種急促的感覺，說話的節奏慢，會給人一種平緩的感覺。所以，在說話時要注意恰當地運用說話的節奏，把自己的感覺表達出來。」

老師在教給學生說話技巧的時候，也是很注意其中節奏與音調的。用形象而生動的故事表現出了掌握說話節奏與音調的重要性，學生們透過這樣的學習，也會對說話技巧有了更進一步的瞭解與認識，會從這些方面培養自己的說話技巧，讓自己真正成為那個最會說話的人。

說話時，對自己的節奏與音調的掌握很重要，在說話時，注意恰當地運用說話的節奏，將自己的觀點與思想表達出來。而且，這種說話方式能讓對方更加明白你的意思，實現雙方的良好溝通。

說話的節奏，也就是說話時的斷句，恰當的斷句，能幫助自己更好地表達意思，也能幫助對方更好地理解。不善於掌握說話時的節奏，也就相當於一篇文章中沒有標點符號，會讓人難以理解。

個人風格和效果咨詢公司的總經理赫爾曼認為，女人說話的節奏也會出現問題。她說：「毋庸置疑，聰明的女人通常說話過快。她們往往一說一大段，並且期望別人能夠聽懂。男人較懂得說話時有所停頓。女人應該放慢語速，增加停頓，讓聽眾聽懂她們說什麼。」

無論是用怎樣的說話方式，最終人們想要達到的目的，就是改變自己不善於把握說話音調與節奏的現狀。因此，作為職場中人，應該重視對自己說話音調以及節奏的把握。

第三節 明確談話的目的

與人交談，最重要的一點就是要圍繞談話的目的深入交談。尤其是在工作中，無目的性的閒聊會讓上司反感，認為你在糊弄。

辦公室中人與人的交往，最重要的就是說話，但是說話也應該掌握一定的分寸，話不能太多也不能太少。說話太多的人，會被同事認為是嘰嘰喳喳的烏鴉，而話太少的人，則會被認為是不合群、太孤僻，這兩者都不能在辦公室裡更好地與人相處。因此，在辦公室裡說話，特別是在與上級的交談中，一定要明確說話目的，只有這樣才能處理好人際關係，做好本職工作。

很多人在說話的時候目的性不強，想到什麼就說什麼。如果是生活中，這些說話直來直往的人有可能受到歡迎，因為人們覺得他比較實誠，說話不會拐彎抹角。但要是挪到工作中，這樣的人容易因說話缺乏目的性而被視為能力低下，結果不言而喻。

明確了與上司以及同事之間的說話目的，能幫助自己得到更多的進步與更順利的發展。與同事說話時，應該有所保留，不能口不擇言，應該說的一定要說，還應該說到位，而不應該說的話，就一定不能輕易說出口。

想要與同事實現更好，更順利地交流，就不能在背後說同事的壞話。同事之間相互接觸的機會比較多，所以更應該處理好與同事之間的關係，這樣能得到同事的好感與幫助，進而促進自己的職場發展，會為自己帶來更多的機會。

嘉麟和昇達是一對很要好的朋友，大學畢業後同在一間公司工作，嘉麟思維嚴謹，觀點縝密，而昇達觀念前衛，思想敏銳，兩人的工作互補性很強，被公司譽為「黃金搭檔」。

可是有一陣子，他們兩人突然變得沉默了，上班也不再一起研究問題，各人在自己的電腦上工作，好像互不認識一樣。這種異常現象被部門經理發覺了，把他們倆找來一起詢問，兩個人都說沒有發生什麼事。

後來，細心的部門經理發現嘉麟和昇達同時愛上了隔壁科室的繪圖員瓊芳。問題的癥結找到了，經理分別找嘉麟和昇達再次談心，挑明他們之間的問題根源。經過經理的開導，嘉麟和昇達進行了一次開誠佈公的溝通，他們都覺得把個人感情帶到工作上來，在工作中互不支持，最終一定會兩敗俱傷，影響自己在公司的前途。

經過溝通，最後兩個人消除了隔閡，認清兩人雖然情場上是敵人，但是在工作中仍是摯友的關係，應該共同發展。

故事中，經理就是一個很注意自己說話目的的人，他清楚找嘉麟與昇達談話，就是想幫助他們改變現在的對抗情緒。所以，積極實現這一談話目的，最終幫助他們走出困境。

作為員工，在與同事或者是上司說話的時候也應該明確自己的目的，沒有明確的說話目的，只會讓上司與同事覺得你說話雜亂無章，沒有邏輯，無法讓人理解。

琳琳憑借自己在學校優良的學習成績和豐富的社會實踐活動，應聘到了一家出國咨詢公司做辦公室主任。

到任的第一天，老闆找她單獨談話，提到了在平日的工作中，由於自己交際繁忙，忽略了與員工的交流溝通，琳琳作為辦公室主任要在這方面多做補充，除了督導員工平日的工作，還要多注意和員工進行感情交流，並授權琳琳可以不用經過自己簽字便可直接從財務支出辦公管理費用。

受到老闆如此信任與厚愛，琳琳覺得應該把管理工作做到最好，新官上任三把火，琳琳立刻制定了一些獎勵制度，並宣佈以後每個員工的生日，都由公司出面慶祝，每個節日都由公司安排慶典活動。

琳琳果然不食言，在半年多的時間裡，舉行了大小慶祝會無數，實施了許多有益於員工的獎勵政策，由此琳琳在員工中的威信大增，公司員工之間的關係也更加融洽了。但就在這時，財務部門亮起了紅燈，看到嚴重超支的財務報表，老闆非常生氣，責問琳琳在實行制度前為何不及時向自己匯報，為此琳琳被公司解雇了。

琳琳會被解雇，其原因就是她沒有明確自己的工作職責，在上司與自己交談之後，也沒有明白上司的目的。琳琳這樣的處事方式只能讓上司對她失望，最終被老闆開除。想要改變這樣的狀況，就必須在與上司或者是同事交談時，仔細分析對方話裡的意思，分析談話的目的。

作為員工，應該明白公司是一個家庭，而老闆就是一家之主。而作為公司的管理人員，除了協調好老闆與員工之間的關係，還應該幫助老闆處理與員工之間的關係，以此增強自己在員工心裡的威信。而老闆在與琳琳說話的時候，其目的就是為了讓琳琳幫助自己協調好與下層員工之間的關係，而不是一味增加員工福利。顯然，琳琳沒有明白老闆找自己談話的目的，所以她在工作中並沒有將這件事處理好。

人與人之間的交流，應該明確自己的目的，並將自己的目的以對方能清楚的語言形式表述出來。這樣不僅能幫助自己清楚地表達觀點，也能幫助自己得到他人的幫助，進而實現自己的目的，使自己的發展更順利。

第四節 控制緊張情緒，說話從容淡定

「淡定」從字面上解釋，就是淡然、鎮定、不熱心、沒有意味、無關緊要的。其實，淡定的意思並不僅僅包括字面上的解釋，其內在的含義說明淡定就是一種生活態度，一種生命的修養，一種心胸和境界。說話淡定的人懂得控制緊張情緒，他們往往擁有較強的口才能力。

工作中，善於控制自己的情緒，運用從容而淡定的方式說出自己的想法與觀點，能得到上司以及同事們的理解與幫助，最終更進一步。而工作中不善於控制自己情緒的人，會讓上司與同事反感，對自己的職場發展只有壞處而沒有好處。

無論是工作中還是生活中，遇到事情不能衝動，應該讓自己冷靜下來再思考解決的方式，這樣的緩解和釋放壓力的方式，能幫助自己調整心態，讓自己的工作得以順利進行。

映潔是一家大型企業的高級職員，她的能力是有目共睹，上司也是對她充分肯定的。平時，映潔的熱情大方，率真自然，是比較受人歡迎的。但是，成也蕭何，敗也蕭何。映潔的率直和不加掩飾，在職場中有時可是個大忌。

前不久，單位提拔了一個無論是資歷，還是能力和業績都不如她的女同事。映潔很生氣，平時上司就對這位女同事特別關照，什麼升職、加薪等好機會都有她，好事幾乎都讓她承包了。眼看著處處不如自己的同事，一年之內竟然被「破格」提拔了三次，可是自己的業績明明高出她那麼多，上司卻好像視而不見，只是一個勁地要她好好工作，但好機會總沒她什麼份。

這次映潔真的惱了，她義憤填膺地跑到上司的辦公室去「質問」，並義正詞嚴的「理論」起來，上司被映潔搞得非常狼狽。

從這以後，映潔的情緒一度受到影響，還因此備受冷落，同事也不敢輕易跟她說話了。映潔很難受，自己怎麼也想不通為什麼工作做了一大堆，公司安排的工作也都能高標準地完成，可是為什麼總是費力不討好呢？看看那位女同事，也沒做出什麼出色的成績，可是好事不斷。

映潔請一個學心理學的同學幫忙分析，經過分析，朋友對她這樣說道：「出現這種情況，雖然原因是多方面的，但最主要的一條就是你犯了職場中的大忌，太情緒化了。碰到事情和問題很少多想個為什麼，只憑著感覺和情緒辦事，只想做好工作，用業績說話，在為人處事上卻太缺乏技巧，常常費力不討好。雖然妳也想讓自己『老練』和『成熟』起來，然而一碰到讓人惱火的事情，妳就是控制不住自己的情緒，儘管事後覺得不值，但當時就是不能冷靜下來。」

很多職場中人在遇到問題時，都不注意控制自己的情緒，這樣只會讓自己的職場道路停滯不前。上司喜歡的員工總是那些善於控制自己情緒的人，那樣的人不會將不良的情緒帶到工作中，不會影響到自己的工作效率。所以，在職場上想要得到上司的信任與支持，就應該學會控制自己的情緒，運用淡定從容的態度對待工作。

第五節 聽出弦外之音

所謂弦外之音，就是指言外之意，即在話裡間接透露，而不是明說出來的意思。對於職場中人來說，也應該注意弦外之音，想要在職場中實現順利成長，迅速上位，就必須使自己成為一個通曉職場話語的高手。只有通曉職場潛規則的人，才會提升自己的生存智慧，進而發現職場進階的機會就在自己眼前。

同事之間說話不能太直接，掌握一點弦外之音是必要且重要的。職場中，與同事之間的良好關係，能幫助自己更好地實現職場的生存方式。「物競天擇，適者生存」，也只有能適應職場說話方式的人，才能贏在職場，實現自我價值。因此，應該注意傾聽同事的說話方式，對於對方的弦外之音也應該有所瞭解。

曉麗剛進公司做計劃部主管時，除了工資，就沒享受過另類待遇。一個偶然的機會她得知行政主管趙小姐的手機費竟實報實銷，這讓她很不服氣。

不行，她也要向老闆爭取！

於是她借匯報工作之機向老闆提出申請，老闆聽了很驚訝，說後勤人員不是都沒有通訊費嗎？「可是趙小姐就有呀！她的費用實報實銷，據說還不低呢。」老闆聽了沉吟道：「是嗎？我瞭解一下再說。」

這一瞭解就是兩個月，按說上司不回覆也就算了，見老闆沒動靜，她不依不饒又找到老闆，老闆聽後許久答道：「這需要時間調查，是否真像妳說的那樣，我也不能確定。」

之後，曉麗找到同事抱怨，卻被人家一語道破天機：「妳知道趙小姐的手機費是怎麼回事嗎？那是老闆外頭小三的電話，只不過借了她的名字，免得老闆娘查問。」

曉麗嚇出一身冷汗，暗暗自責自己不懂得高低深淺！從此她再也不敢提手機費的事。

其實，如果當時曉麗注意老闆說話時的態度，連結他前面所說的話，再結合他的表情，就能對其弦外之音有一定的瞭解。但是，曉麗根本就沒有注意這些，所以才會出現這樣的結局。老闆還會認為她是一個不會察言觀色的人，對她不會有太多的好感。

職場上，決定一個人是否能得到晉升機會的因素中，除了工作能力外，最重要的就是能否領悟老闆的話外之音。聽出老闆的話外之音能帶給自己的好處，甚至有時還勝過能力所能帶給自己的好處。

信瑋是前年剛剛進入職場的員工，但是短短兩年的時間，信瑋就從一個普通的員工成長為這家公司的部門主管，這樣的升職速度也並不是僅僅依靠他的能力，更重要的是他能在與老闆說話時準確掌握老闆所要表達的話外之音，言外之意。所以，比其他同事有了更多的升職機會與可能。

有一次老闆和信瑋談話，他先是誇了信瑋的業績不錯，認為信瑋可以擔當更重的職責，然而又說最近行業不景氣，利潤比去年下滑得厲害，最後就問信瑋如果做部門主管的話會不會考慮裁員。

當時信瑋愣了一下，馬上就第一直覺說不會，因為很多同事都一起奮鬥打拼過來的。當時老闆臉色有點變，後來信瑋的同事升了部門主管的職。事後他才想清楚，老闆的意思就是想裁員，如果信瑋當時不是憑個人感情用事，而是站在企業發展的角度去考慮，那麼升職的就會是信瑋。

信瑋錯過了一次升職的機會，但是卻從中吸取了一定的教訓，知道以後再與老闆說話的時候，要注意觀察老闆的神色，開始學習傾聽對方的話外之音。

有一次老闆要去歐洲出差，在此之前問信瑋：「你的英文和老外交流沒問題吧？」雖然他對英語不是那麼有自信，但他聽懂了老闆的潛臺詞就是，如果可以的話就和他一起去歐洲，信瑋於是對老闆說：「沒問題。」後來，信瑋果然得到了去歐洲出差的機會，但是英文上的不足，信瑋只好在出差之前在家惡補。

和老闆一起到義大利的時候，他們拜訪一些老客戶，老闆對其中一位客戶的產品明顯很感興趣，但價格有一點高。他用咨詢的口氣問信瑋，信瑋給老闆的回答是很不錯，值得購買。

其實信瑋知道老闆已經做好了買的決定，他來問只是確定一下，信瑋知道這個時候不能掃了老闆的興。果然，老闆最後興高采烈地和這家公司簽約了。回國之後，信瑋就順利升職成了公司另一部門的主管。

信瑋的經歷就是從一個不會察言觀色，及不注意對方話外之音的普通員工，變為處處注意對方弦外之音的人，這樣的員工在職場上會有更多的機會。因為他們懂得上司與老闆的心理，知道他們想要的是什麼，會去配合對方，能透過這種說話與處世態度贏得對方的好感，進而為自己爭取更多的機會。

對於剛進入職場的年輕人來說，要做到聽出對方的弦外之音很困難，正因為這樣，他們的職場之路走起來會有更多的崎嶇。

聽出弦外之音，能幫助職場中人，尤其是職場新人解決職場中的不順利，能幫助自己化解職場人際危機，實現與同事以及上司的良好溝通，和諧相處，給自己的職場晉升帶來良好的基礎。

對於同事的話外之音，也應該有一定的認識，從對方的話外之音中總結自己的說話藝術，能促進自己與同事之間關係的良性發展。

例如工作中，如果聽見同事說：

「也許我可以加班把事情做完」，他很可能是在抱怨「你到底要我做到幾點鐘」。

「我不確定這樣是不是能夠執行」，背後的潛臺詞則是「這根本就狗屁不通」。

聽到「或許你可以去詢問一下別人的看法」可要小心了，這可能意味著「你等著看誰會理你」。諸如此類的說法，都是應該注意的。注意分析對方話裡可能出現的意思，能幫你更好地處理與對方之間的關係，幫助順利走好職場之路。

第六節 巧用暗示性語言

暗示性的語言在說話中運用得很普遍，甚至有時比直接說話更能達到其目的。身處職場，有時候說話不能太直接，而巧用暗示性的語言就成了其中最可行的方式，能幫助自己在不得罪同事的情況下充分表達出自己的意思。

暗示性的語言所能達到的效果就像皮革馬利翁效應一樣，對方可以從你的暗示中知道你想要傳達的信息，進而促進你們的溝通。

職場上，暗示性語言的運用也能更好地促進溝通與交流，拉近與同事之間的關係。皮革馬利翁效應被總結為：「說你行，你就行，不行也行；說你不行，你就不行，行也不行。」而暗示性的語言所能達到的效果與之相似，而且，暗示性的語言也是委婉的語言，能在職場說話中化解尷尬。

麗莎是一家外商公司的員工，當時自己也是經過層層面試才得到這份工作的。她很珍惜這樣的工作機會，因為這正是自己想要的白領生活。同事們身著體面套裝，滿口流利英文，中午約齊了幾個人去吃法國菜或者日本料理。在工作半年之後，麗莎完全適應了公司的生活方式，在公司與同事之間說話的藝術，也是拿捏得恰到好處。一次，同學聚會上，麗莎雖然是最晚到達的，但是卻是聚會上的焦點，長長卷髮，裸背長裙。

在與以前的同學說話時，也跟以前大不相同了。和同學說話時，會說：「芳芳妳這件小外套真漂亮，是香奈兒的嗎?可是周圍鑲的邊有點不一樣耶。」又說：「嘟嘟妳加薪水了呀，真厲害，四千塊雖說少了點，但也真要有點本事才行呢。」同學們對她這樣的說話方式很感冒，覺得她說話太假，太虛偽。所以在同學聚會結束時，大家都沒有跟她說再見。

同學們在麗莎走的時候沒有說再見，麗莎對此也是很是不滿，但是沒有人和她說話，只有自己歎息一聲：「這些人啊，是怎麼都學不會大公司禮儀的。其實她們也沒有我說的那麼好，只是礙於朋友面子，才沒有直接說，我說個暗示性的話，她們居然都能當真。真是的，不知道聽人說話，唉……」

其實麗莎在對同學說話時，沒有注意自己的方式，而是運用與同事說話時的方式。她不知道這樣的方式會傷害與同學之間的關係。說話時即使運用暗示性的語言，也應該注意，否則不但不會達到自己的目的，甚至還會像麗莎那樣傷害與人之間的關係。

職場說話，不但要聽懂對方的意思，還應該注意自己的說話方式，只有這樣才能達到與同事之間的順暢交流。職場中像麗莎一樣的人並不少見，他們說著暗示但是虛偽的話，這樣的人會失去別人的信任。而那些不善於傾聽對方話語中的暗示意味的人，也無法實現與別人之間的良好溝通。

職場說話要對對方的暗示有正確的認識，也有一定的方式，有的人不會將話說得太過直接，往往會運用間接或者是暗示性的語言表達出自己的意思。所以，想在職場上達到與同事之間的良好溝通，就必須明白對方語言中的隱藏意義，也就是職場中人所謂的「後半段語錄」。

職場「後半段語錄」主要有以下幾種表述方式：

1、你的報告很好，如果在語法上再注意一點就會更完美了。其本來意思可能就是：你怎麼這麼笨啊，竟然還會犯幼稚園小朋友才會犯的錯誤。

2、你為人真好，與你合作過的同事都稱讚過你的人品，雖然工作上會出現一些失誤，但是那些失誤根本就不能掩飾你的這一優點。其真實意思可能是：你就是一個沒有原則的濫好人，別的同事說你人品好，但是這並不能代表你的業績好，想在公司繼續做下去，就應該積極提升自己的業務能力。

3、與你一起工作真的能學到很多東西，尤其是人際關係上，即使我再怎麼努力也趕不上你啊。其本來的意思是：你的那些小算盤我根本就不屑一顧，別以為我真的會聽你那些「忠告」。

4、你和某某在處事方式上是完全不一樣的，他比你細心，但是你比較爽朗，如果我是你的朋友，一定會很欣賞你的性格。其原本的意思就是：可惜我只是你的同事，不是你的朋友，我也很佩服那位能忍受你大大咧咧脾氣的朋友。

5、你的策劃案總是那麼有創意，那麼天馬行空，不落俗套，我想你一定更適合自由職業。其真實的意思就是：我已經不能忍受你的奇怪想法了，你自己應該也意識到這一點，應該自覺離開公司了。

如果同事之間不能很好地理解對方的「後半段語錄」，就不會得到與同事良好相處的機會，甚至還會影響自己與同事之間的關係。

職場說話，運用暗示性的語言能更好地實現目的，但有時說話太過直接，只會影響目的的實現。暗示性的說話方式，有時候就是心理上的暗示，而心理暗示有時會成為現實，心理上暗示自己要怎樣，就能怎樣，也就是一種潛意識。而這種潛意識是人的情感與觀念的一種內在表現。

第七節 隨機應變的回答技巧

無論是在職場還是商務談判中，都應該注意說話時的技巧與回答問題的技巧，而這一技巧中最重要的就是隨機應變。

隨機應變的回答技巧，是每個人都需要注意的方式，其過程中不僅應該清醒地意識到自己想要得到的是什麼，而且對於對方也有一個清楚的認識。

與別人的交流中，隨機應變的方式能拉近與他人之間的關係。隨機應變的回答技巧，是一個人良好口才的一種體現。

有一個討債專業戶，一次受雇去追討一家企業所欠的貸款，他從那家工廠門衛口中知道了該廠廠長另有新歡。後來，他就到廠長家中與其妻子閒聊，掌握了該廠長偷稅、行賄等不法私情。然後，他再去找廠長，以此要脅對方。

最後他如願地追繳到了欠款，也拿到了事先約定的佣金。他的前任沒有成功，因為他們只有自身的需要而沒有可能滿足對方的需要。簡單地說，對手不怕他。他則以其狡詐的手段（這屬於談判技巧的範疇）發現或者說創造了對手的需要，於是形成了交換的可能和必要。這就是談判中的「空手道」的祕密。

在談判中要能隨機應變，抓住對方的弱點給予打擊。有些弱點是事先已經被我方掌握的，而有些弱點則是在對招之中對方暴露出來的，我方要隨時發現把柄。

兩雄爭辯，是雙方理與氣的較量，理是氣的內核，氣是理的鋒芒，理直就氣壯，理曲則氣餒；但在一定條件下，氣盛也能使理壯三分。

出色的談判專家在與人談判時，會刻意尋找對方的相關弱點，狠狠一擊，譬如釜底抽薪，使對方的銳氣頃刻消釋，束手就範。而職場說話也是一樣，掌握正確的，隨機應變的說話藝術與回答技巧，也能達到相應的效果。

與人說話時，對方肯定會有說漏嘴的情況，這個時候就是窮追猛打的時機。這種說話藝術最適合對付那種傲氣十足的對手，職場中各個同事都有自己的性格特徵，掌握對方的性格特徵有利於與人交流。

所以，在說話時應該對對方的性格有所分析，再採用恰當的說話藝術，促進彼此談話的順利進行。

英國駐日公使巴克斯是個傲氣十足的人，他在跟日本外務大臣寺島宗常和陸軍大臣西鄉南州打交道時，常常表現出不屑一顧的神態，還不時地嘲諷兩人。

但是每當他碰到棘手的事情時，總喜歡說「等我和法國公使談了之後再回答吧！」寺島宗常和西鄉南州商量，決定抓住這句話攻擊一下巴克斯這種傲氣十足的行為。

一天，西鄉南州故意問巴克斯：「我很冒昧地問你一件事，英國到底是不是法國的屬國呢？」

巴克斯聽後又挺起胸膛傲慢無禮地回答說：「你這種說法太荒唐了。如果你是日本陸軍大臣的話，那麼完全應該知道英國不是法國的屬國，英國是世界最強大的立憲君主國，甚至也不能和德意志共和國相提並論！」

西鄉南州冷靜地說：「我以前也認為英國是個強大的獨立國，現在我卻不這樣認為了。」

巴克斯憤怒地質問道：「為什麼？」

西鄉南州從容地微笑著說：「其實也沒有什麼特別的事，只是因為每當我們代表政府和你談論到國際上的問題時，你總是說等你和法國公使討論後再回答。如果英國是個獨立國的話，那麼為什麼要看法國的臉色行事呢？這麼看來，英國不是法國的附屬國又是什麼呢？」

傲氣十足的巴克斯被問得啞口無言。從此後他們互相討論問題時，巴克斯就再也不敢傲慢無禮了。

西鄉南州抓住巴克斯語言上的弱點，展開攻勢取得令人滿意的效果。毫無疑義，任何人都不可能是十全十美的，難免有自己的弱點，而傲氣者一旦被別人抓住弱點進行攻擊，也就瓦解了其傲氣的資本。

針對對方的弱點窮追猛打，能攻擊到對方的傲慢，讓對方意識到自己說話方式的不合理性，進而促進雙方交流的順利進行。

每個人都有弱點，在與人說話時掌握對方的弱點，採用恰當的方式能達到自己的目的。在隨機應變的說話方式，不僅能幫助自己解決好與同事之間的關係，還能化解與同事之間的尷尬。

即使在面試時，也應該注意隨機應變的說話方式與技巧，這樣能給面試官留下好的印象，有利於順利進入職場。而且，面試時面試官也會對應聘者的反應能力有所考察。

在面試中，有時有會出現這樣的情況：主考突然提出一個出乎你意料、令你吃驚的問題，使你措手不及，陷入尷尬。在這種情況下，唯有隨機應變，用一個沒有實際意義的連接詞，「噢」、「啊」、「我想」、「我認為」、「不錯」、「這個問題很有趣」等等，來進行拖延，然後抓緊時間，理出頭緒，繼續回答。

有時候面試官不會仔細傾聽你的說法，而這個時候不要以為主考官是不在乎你說什麼，其實這時就是考驗你應變能力的時候。他故意如此，造成你的不安，藉以考察你偶遇意外問題時的反應。此時，你應該穩住，鎮定自若地繼續回答你的問題。

作為一種說話的藝術與技巧，隨機應變是每個人都應該注意的。好的口才能幫助我們更好地生存於職場，而隨機應變的回答技巧也是一種說話技巧，為了自己的職場生存，必須培養這種能力。

第八節 達到**事半功倍**的正確表達方式

無論什麼職業，都需要掌握正確的溝通方式，這不僅能達到事半功倍的效果，還能讓別人更易於接受。職場中，那些既有豐富的專業知識，又會說話的員工往往很受客戶與上司的歡迎，他們的表達能力強，簡潔清楚地說明自己的意思，進而更高效地工作。職場中，若想正確的表達自己的意思，就必須做到如下幾點：

克服自卑感

有的人之所以會有語言表達障礙，就是源於自卑。但世上每一個人都是獨一無二的，也應懂得能力不是天生的，但可以透過後天的努力而獲得。所以，無論遇到什麼情況都不能自卑，自卑只會讓你更加不善於表達，只會讓你的人際關係變得更差。

多學習

學無止境，人需要不斷學習，表達能力的提高也是如此。需要學習的對象，就是自己身邊那些善於表達自己思想的人，透過對他們的學習，結合自己的職業特徵，就能幫助自己找到適合自己的正確表達方式。

多參與

參與就是一種鍛鍊，這也是對提高語言表達能力很重要的一種方式。不能錯過生活中這樣的能夠鍛鍊自己語言表達能力的機會。而鍛鍊的基本方式就是多結交朋友，朋友多了應酬與交流就會更多，自身的語言表達能力也就能得到進一步的發展與提高。

積極進取

有進取心的人，能在生活與工作中，實現自己培養與提高語言表達能力的目的，進取心需要良好的語言表達能力作為支撐。所以，為自己的目標而奮鬥的過程，也就是提高自身語言表達能力的過程。

說話是一種人與人之間相互溝通的藝術，想要讓自己的看法與觀點得到更多人的欣賞與認同，就必須運用合適的，正確的說話方式。所謂合適的，正確的說話方式，包括下面幾個方面的內容。

首先，成事不說。對於已成定局的事情，就不要再說了，職場上公司高層已經決定了的事情，就不要再說了，也不要給予評價。即使你認為自己的意見將會給公司帶來多大的影響與好處，都不用說出來。因為一旦說出自己的想法，上司會覺得你在挑戰他的領導權威，這對你的職場發展沒有好處。

其次，公司內部需要提拔一位員工作為部門經理，但是你對這位員工比較熟悉，認為他並不能勝任這項職務，但是上面已經決定好了。你將自己的看法說出去，也不會使事情有所改變，甚至還會影響你的職場生涯。所以，在表達自己的觀點時，應該對整體局勢有良好的掌握，這樣才不至於影響到自己的職場發展。而這一點無論是職場新人，還是老員工都應該注意的。

上司做出的決定，一定有他自己的想法與道理。你所需要做的，不是否定上司的決定，而是在事情成定局後不要對決定輕易提出意見，否則很可能適得其反。

再來，試探性地說話。很多時候，說話就是想要表達自己的態度或是試探別人的態度，這樣的說話技巧叫做「放話」，這是在生活中很常見的一種說話方式，企業老闆也常採用這樣的方式試探下屬的反應與態度。

老黎是一家銷售公司的老闆，初期廠家對公司的支持很大，所以業務發展很順利。於是他開始擴大公司規模，但不久後公司的資金出現了問題，運作費用太大，廠家看到了這種情況，也開始採取觀望的態度。

於是老黎決定降低運作費用，變粗放管理為精細管理，爭取廠家的支持和長遠的發展。他的目標是打算降低百分之三十的費用。不過降低百分之三十的費用是很難的，如果做不到還會影響到自己的威信，老黎在猶豫，到底要怎麼辦呢？

不久，從老黎祕書那裡傳來了一個小道消息。由於公司的運營成本過高，老總考慮要裁員百分之三十以渡過難關，而裁員的名單正在草擬中。

消息傳出，人人自危，都在想會不會是我？我最近表現怎麼樣？還有什麼方面做得不好……很多人開始在老總面前表現自己，更有人找老總談心、表白忠誠。

又過了幾天，有傳聞。老總考慮到裁員影響太大，將嚴重影響公司的形象和正常的業務所以不裁員百分之三十了，而是決定減薪百分之三十。於是

每個人都在算計自己的薪水，控制自己的開支，公司的士氣一片低落，甚至有人開始找工作。

有一天，老總召開了全體員工的大會，在會議上老總嚴肅地說：「最近公司有兩種很離譜的傳聞，一種說我們公司要裁員百分之三十，另外一種說我們公司要減薪百分之三十，也不知道這種消息是從那裡傳出來的。

我們是一家正規的公司，我們有正常的訊息管道，怎麼能允許小道消息傳播！我們一定要嚴厲查處相關人員，公司決不允許這種風氣存在！我們是以人為本的公司，員工是我們生存和發展的基礎。企業發展了，員工才能發展。員工滿意了，企業才滿意。對我們來說，員工是我們最大的財富！我現在鄭重宣佈，我們既不裁員也不減薪。」大家集體起立鼓掌，非常慶幸能擺脫這種厄運。

「但是大家不要高興得太早，我們的費用確實很大，如果我們不控制自己的費用，公司就只有死路一條。一方面廠家對我們的信心將打折扣，另一方面我們沒有了利潤，怎麼生存？我們只有唯一的辦法，就是嚴格控制費用。所以從明天開始，我宣佈減少公司費用百分之三十，具體計劃財務部已經做出來了，大家要嚴格執行。」全體員工集體起立再次鼓掌，甚至有些員工流露出感激的淚水。

再次，遂事不諫。也就是說在面對正在執行的事情，不要發表自己的見解。最後，既往不咎。在職場上不要過度地追究責任，不是什麼事情都要追究到最後的責任人，才罷休。有些小事情，過分地追究，可能傷害別人的面子和積極性，以後的事情就不好做了。

總之，正確的說話方式能達到事半功倍的效果。助你更順利地進行工作，進而獲得晉升的機會。

第九節 職場說話的藝術

會說話會幫助我們贏得好人緣，更加受人歡迎。下面介紹一些說話的技巧，希望能夠對身在職場的人有所幫助。

第一句：「我立刻去辦！」

職場上總會遇到一些突發事件，這時需要冷靜、淡定地說出「我立刻去辦」，會讓公司上司感覺到你是一個做事講究效率的人。對你的印象也會因此變好，贏得上司與同事的信任與好感。

第二句：「我們可能遇到了一些新的情況。」

一個下屬慌慌張張地跑進上司的辦公室，人還沒站穩，話就先說出口了：「不好了，出大事了……」如果你是那個上司，你會喜歡這樣的下屬嗎？不好的事情誰都會碰到，但是在碰到不好的事應該將自己想說的話用鎮靜的語氣說出來，這樣的下屬才是每個上司都會歡迎的。最重要的不是遇到壞事了怎麼處理，而是在遇到壞消息時應該注意的傳達方式。

第三句：「謝謝您的信任，我會加倍努力的！」

即使是一個很有能力的人，在工作中都不會事事順心，當你從低谷被別人拉上來的時候，不要認為以自己的能力，別人就應該這樣做，應該想到的是對他們說謝謝。如果對方沒有發現你，你或許一輩子都會是那個待在谷底的人。

第四句：「我再想想吧，待會給您答覆好嗎？」

即使是面對自己不會的問題時，也不能當場予以否定：「我不知道。」這樣的說法會給對方留下你不負責任的印象。但在這樣的情況下，你給予對方的回答換成是別的方式：「我先考慮一下，待會給您答覆，好嗎？」這樣，能避免了不回答的尷尬。但是，要記得在約定的時間給予回覆。

第五句：「如果大家沒有意見的話，請讓我來試試吧？」

在公司中，有些人不管遇到什麼事情都向上司請示，甚至還認為頻繁地向上司請示會得到上司的好感，會得到上司的認可。但是，這樣的人往往是缺乏創造性的，對工作沒有更多的幫助，甚至會因為經常麻煩上司而不受歡迎。

在那些深受上司歡迎的人中，都會在適當的時間裡展示自己的才華。而這樣的人，往往也能幫助公司帶來一定的效益，當上司看見他們的能力之後，不但會對他們刮目相看，而且還會給他們創造更多展示才華的機會。

王翰偉是一家公司的員工，工作能力向來不錯，也深得上司的喜歡。

一天，他拿著一份資料去找部門經理簽字，經理突然問他：「翰偉，公司最近準備開發一種專為男性顧客設計的汽水，這是一種新產品，你分析一下，它的市場前景會怎樣？」

經理的問題雖然很突然，但翰偉之前做過一段時間的市場調查，所以對汽水的市場情況也瞭解一些。於是，他回答道：「我認為現在汽水細分市場還不成熟，目前最好謹慎開發新產品，再做一番詳細的市場調查，然後再加以定奪。」

經理接著說道：「新產品的開發需要保密，如果去做市場調查豈不是走漏了風聲嗎？你的想法還是太草率了。」

事後經同事告知，這個產品是經理一手策劃的，同事普遍認為翰偉的回答肯定得罪了經理。因為自己一時的口無遮攔得罪了經理，以後要該怎麼和經理說話呢？翰偉想到就頭疼！

與上司說話也是一種藝術，說話太直接了會觸犯到上司，還會讓上司感到不耐煩。雖然是善意的提醒，也應該掌握說話的技巧，避免犯與翰偉類似的錯誤。

在與上司說話時，應該結合當時的情景，不要回答得太快，如果回答得太快會給上司帶來說話不經大腦的印象。而且，在回答的時候不能帶有主觀感性的詞語，這樣上司會認為你做事只憑主觀臆斷。

最後，在與上司說話的時候，還要考慮到上司的內心感受。做到上述幾點，就能很好地與上司進行溝通了。

會說話的人，總會給上司留餘地，即使與上司意見相左，也會分步驟地表達自己的思想：

在上司表述自己的看法時，應該贊同，即使心存疑惑，也不要輕易打斷；認真傾聽上司說話，弄清楚對方的想法，並冷靜思考上司的真實意圖；經過冷靜的思考，認為上司的說法有錯誤時，再掌握適當的時機私下告訴上司，這樣才有利於掌握與上司說話的藝術，最終游刃有餘地處理職場人際關係。

Chapter.5

會說話的員工前程似錦

人在職場，不會說話是絕對無法得到晉升的。這年頭埋頭苦幹的人早已不再吃香，而看似油嘴滑舌的人，往往更受上司青睞。這是為什麼，原因在於這些人將能力充分展現出來，並說給大家聽，因為如果你只是一味地苦幹實幹，老闆怎麼會知道呢？所以，會說話的員工必將前程似錦。

第一節 會說話，幫你**升職加薪**

會說話的人將為自己贏得更多的機會，尤其是在職場上，會說話的員工更受上司青睞，進而幫自己升職又加薪。

俗話說：會做的不如會說的。現代社會，僅僅憑借熟練的技能和勤懇的工作精神，是不能在職場上游刃有餘地生存的。埋頭苦幹的老黃牛精神已漸漸被時代所淘汰，能力與勤奮雖然很重要，但是會說話，卻能讓你在工作的時候更加輕鬆。

會說話的人，總會在最合適的時候說出最合適的話。

比如，當上司交代工作時，你應該冷靜、迅速地給出自己的答案，對上司說：「好，我馬上就去做！」這樣能讓上司覺得你是一個處理問題很果斷的人，能給上司留下好印象。以後工作中有好的機會，就會想到你，也就間接地給自己留下了升職加薪的空間。

另外，當你在工作中遇到壞消息時，更應該知道如何說話。在這種情況下，最應該做的，就是以平靜的語氣說出不好的消息。那些在遇到壞消息就亂了陣腳的人，會讓上司覺得你處理問題的能力值得懷疑。

越是碰到這樣的事情，越是要保持冷靜，讓上司知道你是願意與上司一起奮鬥的人，這樣能幫助你獲得上司的信任，進而贏得升職與加薪的機會。

一位人力資源總監在說到升職與加薪時，建議我們這樣做：「求晉級或加薪就如同等到你的汽車突然熄火了，才被拖到加油站加油一樣，當你定期地給你的事業補給一些燃料時，保持你的事業順利運行就會容易得多。」

好柔和益丞都沒有等到錄用通知，在此之前，兩人都感覺非常好，認為自己肯定能被錄取。

益丞去面試是獵頭公司的朋友推薦的。筆試口試，益丞一路順利。末了，面試她的人事主管問她有什麼業餘愛好，益丞說喜歡寫寫文章。

主管隨口問：「有沒有發表過？」

益丞正好有文章發表在當日報紙上，就喜滋滋地遞上報紙。主管認真讀畢，微笑道：「不錯不錯。」益丞於是安心地告辭。

過了幾天，獵頭公司來電告訴益丞，公司錄用了別人。他們給出的理由是：益丞說話太快了，那份工作需要耐心。

朋友幫益丞反省真正的原因。益丞想起最後給主管看的那篇文章，趕緊找出來重新審視，文章寫的是他以前就職的公司主管的事，文字有些刻薄，有點尖銳。益丞自己也不懂當時自己是怎麼了。哪個上司會希望自己有朝一日可能被出賣呢？

好柔跟益丞一樣，考英文、考編程還測智商，終於贏得了那家大公司的第二次面試通知，好柔心裡又歡喜又得意。

面試好柔的是公司的區經理，年紀不大，可是氣派十足，就像財富雜誌的封面人物一樣。他隨意問了幾個專業問題。翻著好柔的履歷，經理似乎被什麼東西吸引了，微微頓了一下，道：「哦，妳高中讀的是某某高中。」

好柔臉一紅，因為從明星高中落到那個名不見經傳的高中，好柔一直將它視為生命中之污點。那三年裡好柔一直心存自卑，臥薪嘗膽，終於在三年之後一洗前恥，考試的分數遠遠超過她當年初中的同學，考入明星大學，並成為其中的佼佼者。

聽經理這麼一提，好柔很自然地接口道：「是啊，當時沒考好。那個學校我不喜歡，是個垃圾學校。」

經理淡淡一笑，未置一詞便離開了。

後來，好柔也沒有收到錄用通知。

原來，經理當年是那所中學的高材生，從初中到高中，在那裡待足了六年，一直對母校畢恭畢敬，視之為成長的搖籃。但好柔哪裡知道，自己的恥辱卻是對方的驕傲……

極細小的一件事可以成全你，也可以敗壞你。益丞和好柔終於明白的時候，已經付出了相當大的代價。但是，面試之前，如果好柔對該公司的員工做過瞭解，就會避免這樣的失誤，甚至還會因為自己與面試官是高中校友而獲得一定的「照顧」。因此，在交談之前對對方的情況做適當的瞭解是很有必要的。

而益丞則不應該在文章中說以前的主管的壞話，這樣會讓現在的上司認為自己會是下一個被益丞說壞話的人，而公司也不會喜歡這種員工。

真正會說話的人，不僅要掌握說話的技巧，還必須掌握其他細節問題，所以，從某種意義上說，會說話的人才能掌握升職與加薪的技巧。會說話，才能讓上司有更多瞭解你能力的機會，只是悶頭做事的員工即使能力很強，上司有時候也會看不見，但是那些既會做事又會說話的人，則會經由說話技巧將自己所做的事情傳達給上司，最終為自己贏得更多的機會。

第二節 讚美上司，做最聰明的員工

作為員工，想要在辦公室裡出人頭地，贏得上司的青睞，就必須學會讚美上司。而讚美上司也是需要講究方式的，贊成上司的意見，盡自己的能力幫助上司做事，都是其中很好的方式。適時的讚美會讓上司高興，你的目的能更好地實現，但過度的讚美卻會讓上司覺得你是拍馬屁，對你的印象會大打折扣。

辦公室裡，一般都很容易看見別人的缺點而容易忽視對方的優點，所以在發現對方的優點之後，應該將自己看見的事實說出來。給予對方由衷的讚美，聰明的員工知道適時的讚美上司能帶給自己好處，而他們也會這樣做。

職場上，讚美的語言可以幫助你贏得與上司之間的良好關係，進而為自己的前途與發展作出貢獻。巧妙地運用奉承手法，讓你的上級欣賞你，讓你的同事幫助你，讓你的工作得以順利完成，為每個人營造一種和諧的辦公室

氣氛，同時不失去自己做人的尊嚴和修養，事業的成功也就離你不遠了。

猶太人有一句諺語應該牢記在心：「唯有讚美別人的人，才是真正值得讚美的人。」聰明的員工會牢牢掌握這句話，並將它當成自己的行為準則。

奉承別人只是建立良好的人際關係，使自己的工作得以順利完成、目的得以順利實現的一種方法。讓周圍的人討嫌、厭煩，對自己有什麼益處呢？而光埋頭苦幹一聲不吭，成績就會給那些整天嘰嘰喳喳的「馬屁精」佔為己有去邀功了。因此，奉承並不是要讓你不分場合地亂拍一氣，成功的奉承是一種為人處世的技巧。

常言道：恭敬不如從命。謙恭地敬重上司，不如順從上司的意志和命令。對高明的讚美者而言，服從是金，語言是銀。這是由上司與下屬的特殊關係決定的。毋庸贅言，每個上司都喜歡聽讚美的話，就連包拯也喜歡老百姓稱他為「包青天」。

鈺芸非常聰明，老師說她的腦子靈活，言辭犀利，還有豐富的幽默細胞。無論上學還是工作，她都是大家的「開心果」。儘管如此，她在這家公司已經工作三年了，仍只是一名倉庫管理員。到底是什麼原因讓她在工作上都沒有轉變，她自己也說不清楚。

那天，她向研究心理學的朋友提到了這個問題，朋友問她：「妳平時有沒有在言辭上對上司不敬啊？」

她一愣，自己平時除了愛開玩笑，沒有其他的毛病了，難道是自己愛對上司開玩笑引起的？於是，她想到了最近的幾個玩笑。

那天，上司穿了身新衣服來上班，灰西裝、灰襯衫、灰褲子、灰領帶。同事都沒有說話，只有自己高聲地喊著：「哎呀，穿新衣服了？」上司聽了咧嘴一笑，接著捂著嘴笑：「哈哈，像隻灰老鼠一樣！」

還有週五的時候，來了個客戶找上司簽字。當上司簽完字以後，對方連連稱讚上司的字好，說：「您的簽名可真氣派！」

當時自己正好走進辦公室，聽到稱讚聲後，一陣壞笑：「能不氣派嗎？我們上司可是在暗地裡練了三月呢！」當時她有注意到上司和客戶的表情很尷尬，不過她也沒有多想。

現在仔細一想，有時為了趕時間，很早就去公司上班了，所以加班時已經滿身疲憊，難免出點小差錯，但上司不僅不會體諒，還不分青紅皂白地說她偷懶，任她怎麼解釋都不行。當時總覺得很委屈，但現在看來，好像知道問題的癥結出在哪了！

鈺芸剛開始確實能經由開玩笑的方式，拉近自己與上司之間的距離，但後來她的玩笑開得太過火了，不但沒有達到拉近與上司距離的作用，還損害了自己在上司心裡的形象。

瑞峰是一家公司的銷售主管，那天，上司帶著瑞峰坐火車出差當時，他們寒暄了幾個工作上的問題之後，就開始沉默了。做銷售出身的瑞峰，最怕的就是這種沉默的氛圍，那種大眼瞪小眼的氣氛簡直讓人窒息，一定得說點什麼打破僵局。但是他從來也沒有和上司單獨在一起過，不知道該說些什麼。突然，他瞥見上司腳上穿著一雙擦的發亮的皮鞋，非常顯眼，於是就說：「老闆，您這雙鞋子真有品味，在哪裡買的啊？」

原本只是沒話找話，但上司一聽，頓時眼睛放光。

「這雙鞋啊，我在香港買的，世界名牌呢！」上司的話匣子一下子打開了，開始滔滔不絕地講述自己在服裝搭配上的心得，還善意地指出瑞峰平時在工作中著裝的不足，兩人言談甚歡。

下火車的時候，上司意味深長地說：「瑞峰啊，看來以前對你的瞭解太少了，今後你要好好做事。」瑞峰聽了之後，心裡非常高興。

瑞峰對上司的讚美就是抓住了上司喜歡的方式，雖然他說話的時候只是想打破尷尬的情況，但是這樣的讚美甚至更能拉近與上司之間的關係。上司會從這樣的讚美中看出瑞峰的細心，聽見這樣的話，也會覺得瑞峰是一個很關心人的員工，最終產生對他的好感。

美國著名作家詹姆士有句名言：「人性中最本質的願望，就是希望得到讚賞。」俄國文豪托爾斯泰說得深刻：「稱讚不但對人的感情，而且對人的理智也起著巨大作用。」說明人都渴望得到別人的讚美。

做為一名最聰明的員工，想要得到上司的信任，讓自己職場之路更順利，就必須學會讚美上司。

第三節 用恰當的方式讚美對方

讚美別人最重要的就是需要選準角度，恰如其分。但是，生活中有很多人並不會讚美別人，他們的讚美往往被認為是溜鬚拍馬、阿諛奉承，這類人不懂得讚美的方式。

洛克菲勒是世界有名的大企業家，他始終把真誠的稱讚作為待人的成功祕訣。一次，他的一位合夥人在南美做了一樁失敗的生意，使公司損失一百萬美元。

洛克菲勒完全有理由責備他，但洛克菲勒沒有這樣做，反而稱讚了他，祝賀他保全了全部投資的百分之六十，並說「好極了，我們不可能每次都這麼幸運。」

洛克菲勒之所以這樣做，是因為他知道事情已經發生了，何況他的合夥人也已經盡了最大的力。

美國鋼鐵大王安德魯．卡內基在他的墓碑上也不忘記稱讚他的部下，他的碑文上寫著：「這裡躺著的，是一個知道怎樣與比他更聰明的屬下相處的人。」

渴望被人賞識、被人認可是人的天性，也是職場上有效溝通、屢試不爽的技巧之一。學會發自內心的讚美別人，用讚美來取代對別人的批評和挖苦，你的人際關係將會變得更加融洽。

用真誠的讚美，可以在滿足對方虛榮心的同時，拉近與對方之間的關係，無論是對自己的職場發展，還是對自己的人際交往都是只有好處而沒有壞處。

美國總統羅斯福因為右腳癱瘓，不能使用普通的汽車。

克萊斯勒公司為他製造了一輛特殊的汽車，只要一按按鈕，車子就可以開動，十分方便。

當工程師錢伯林先生把這輛汽車開到白宮的時候，羅斯福立刻產生了很大的興趣。

他的朋友和同事也都十分欣賞，並當著總統的面誇獎說：「錢伯林先生，我真感謝你花費時間和精力研製了這輛車，這是件了不起的事。」但此時羅斯福總統卻接著欣賞特製車燈、特製後視鏡以及散熱器等，他注意到了每一個細節，並讓他的朋友們一起注意這些裝置的特殊性。

這種無聲的欣賞正是一種具體化的表揚，比幾句簡單的讚美更讓克萊斯勒的員工們感到他們確實做了一件了不起的事情。

這種無聲的讚美，甚至能達到更好的作用，是每個職場人士都應該學習和掌握的。

在讚美別人的時候，最基本的方式還是語言上的讚美，而語言上的讚美也是最能被對方接受的方式。讚美對方其實就是給對方的一種肯定與認同，能激起對方工作的積極性。而讚美的方式，也應該是職場中運用廣泛的一種激勵形式。

閔勝是一家公司的高層管理人員，他們公司是經營超市的。每個月他都會跟他的兩個營運經理和不同分店的店長開會。

當這些會議舉行的時候，閔勝通常會對這些店長講三十分鐘的話。讓他們知道正在發生的事情，以及他對店長們的期望。

今年對超市來說，是相當辛苦的一年，閔勝他們的業績持續低迷。上個星期，閔勝收到了最近一期的業績報告，雖然改善不是很顯著，但真的有了進步。於是閔勝在會議開始時，恭喜十位最近業績有進步的店長。閔勝稱讚總體收入增加的部分，以及他們改善的控管費用。

店長們的表情很明顯地告訴閔勝，閔勝的方法生效了。沒多久，就有一位店長舉手發言，說明他正要開始實施的新政策。聽完其他店長也相繼加入。這些談話讓店長們充滿幹勁的想要讓下一季獲得更多的收益。

這些狀況，在過去只宣佈壞消息的時候從來沒有發生過。以前，每個人都相當安靜，都是閔勝在說話。

閔勝發現使用肯定的方法，甚至不需要問問題，他們都很想要解決問題。他也學習到很重要的一課，每個人都喜歡自己的成就被肯定，不論這個成就有是大還是小。

閔勝的讚美方式就是對下屬的一種很好的激勵，而店長們在這樣的激勵之後，也提高了工作積極性。最終店長們的工作效率也會因為這樣的讚美而變得更高，進而實現自身的社會價值。

上司對於下屬的讚美是下屬提高工作積極性的一種重要依據，聰明的上司知道並能充分運用這一方式。

第四節 冷廟也要常燒香

做到冷廟常燒香的一個重要方面，就是要在平時多多累積人際關係，多多給別人提供幫助，這不僅對處理好人際關係很有好處，而且還是對自己今後工作一本萬利的事情。

將冷廟常燒香做到最好，也取得最佳結果的就屬「紅頂」商人胡雪巖了。胡雪巖本是浙江杭州的小商人，他不但善經營也會做人，精通人情世故，懂得「惠出實及」的道理，常給周圍的人一些小恩惠。但小打小鬧無法使他滿意，他一直想成就大事業。

他想，中國一貫重農抑商，單靠純粹經商是不太可能出人頭地的。他想到大商人呂不韋另闢蹊徑，從商改為從政，名利雙收，所以胡雪巖也想走這條路子。

當時，杭州有一小官叫王有齡，他一心想往上爬又苦於沒有錢做敲門磚。胡雪巖與他也稍有往來。隨著交往加深，兩人發現他們有共同的目的。王有齡對胡雪巖說：「雪巖兄，我並非無門路，只是手頭無錢，十謁朱門九不開。」

胡雪巖說：「我願傾家蕩產，助你一臂之力。」

王有齡說：「我富貴了，絕不會忘記胡兄。」

於是胡雪巖變賣了家產，籌集了幾千兩銀子送給王有齡。

王有齡去京師求官後，胡雪巖仍舊操其舊業，對別人的譏笑完全不放在心上。

幾年後，王有齡身著巡撫的官服登門拜訪胡雪巖，問胡雪巖有何要求，胡雪巖說：「祝賀你福星高照，我並無困難。」

王有齡是個講情義的人，他利用職務之便，令軍需官到胡雪巖的店中購物，胡雪巖的生意越來越好、越做越大，他與王有齡的關係也更加密切。

胡雪巖很好地做到了「冷廟燒香」這點，他的朋友王有齡當時並沒有對他有所幫助，但胡雪巖仍然甘冒傾家蕩產的危險去幫助他，待到王有齡發達了，自然就會對胡雪巖傾力相助了。

做到冷廟燒香，最重要的就是在生活中，工作中注意觀察周圍的人，在他們需要幫助的時候及時伸出援助之手，這樣其實也是在為自己將來得到他人幫助打下基礎。因為沒有人會一直倒霉，他人在得到你的幫助而發達之後，會想起你的好，會在你需要幫助的時候及時幫助你。

要做到「冷廟常燒香」並不困難，有時甚至只需要在平時注意觀察一下對方的需要即可。這是最簡單，也是最容易做到的事情。平時多關心一下身邊的人，在關鍵時刻需要得到他人幫助的時刻，對方就會伸出援助之手。

人情投資最忌諱的就是急功近利，它需要慢慢累積。

「小林啊，你是來找劉主任的吧？唉，你不用再拜訪他了，因為工作上的一次失誤，他被免職調到了後勤部，現在臨床部是楊醫生暫時代理主任的職務。」

幸好在走廊碰到了相熟的張醫生，要不然四象藥業公司的業務員小林，這會兒可真會進錯廟、燒錯香了。

「想不到，有著『傑出專家』稱號的劉主任也會出樓子。」小林搖了搖頭。老劉是他的老關係戶了，跟四象公司做成了很多筆生意，現在他下了臺，小林還是覺得挺可惜的。

看來，得重新燒香拜菩薩了。

提著一堆禮品在走廊上站了一會兒，小林想，還是應該先去拜訪一下被免職的劉主任。新上來的張代主任遲早要去拜訪，可是下去的這位現在不去看他，被他知道了，以後再見面可就尷尬了。

這種「人一走茶就涼」的事做出來可是最傷人心的。何況，萬一老劉改日又回來了呢？

小林問明了劉主任新辦公室的位置，便帶著禮物敲開了他的門。

劉主任正在辦公室裡閉門思過，見到小林，他有點愛理不理：「是小林啊，又是為了你們公司的那批新藥來的吧？你怎麼找到這兒來了？我已經不管事了，你還是去找新主任吧。」

「新主任我下次會去拜訪，今天我是來看望您的。」小林熱情地說。

「看望我？」劉主任有點意外，「來，你坐！」他苦笑著說：「我現在還有什麼可看的，主任不當了，事也不管了。」

「瞧您說的，好像我除了找你辦事就沒別的了。」小林把禮物放下來，說：「我來看看一位尊敬的年長朋友，不行嗎？您的事我也聽說了，可是我不知道您會這樣子意志消沉。」

「你看我現在無所事事的，怎麼可能還像以前那樣子意氣風發？」

「恕我直言，您不當主任，難道就無事可做了嗎？您還有自己的專業啊！您照樣是傑出專家啊！不當主任，關起門來鑽研學問也好啊！要是都像您這麼想，那我們這些大學畢業了卻不能從事本專業的人，豈不是都不要活啦？」

劉主任愣了一下，沒想到一個小小的業務員，竟然用這種語氣和自己說話。這幾句話，放在以往可能他聽著不是那麼舒服，但今天，在自己「門前冷落鞍馬稀」的時候，有一個人來說自己還是有事可做，有志可為的，他覺得非常感激。

幾個月後，醫院撤銷了對老劉的處分，恢復了他臨床部主任的職務。這時候，小林再到醫院去做什麼業務，得到的待遇可想而知了。甚至，當小林被公司調往了別的地方，劉主任還念念不忘的向公司打聽他的情況呢。

小林所採用的冷廟燒香方式是很多人不願意去嘗試的，因為在大部分人看來，已經失去權力的人不值得自己去拜訪。

小林雖然剛開始心裡也有這樣的想法，但是最終在自己對問題的全面考慮之下，決定去看望劉主任。他就是看準了劉主任雖然暫時沒有實權，但憑借劉主任的實力，最終一定會得到失去的權利。

事實證明小林的選擇是正確的，劉主任恢復了職位，而小林也因為自己的明智選擇得到了自己想要的東西。

小林這樣的處事思維是值得我們學習的。從小林的故事中，我們可以看出向冷廟燒香的人，會得到意想不到的好處。能成為「菩薩」的人，都是那些很有能力的人，即使現在他處於不利的地位，從目前的情況看起來無法給我們帶來幫助，但是他們終究會有翻身的一天。而在他們翻身那天到來之後，那些向他們燒過香的人就會得到他們的幫助。

職場中，要記得繼續與他們多接觸，從與他們的繼續交往中學習他們的處事方式，並博取他們的信任與賞識。那些人會因為你的拜訪而對你感動不已，在你需要幫助的時候，他甚至會動用他的老關係幫助你。

因此，在職場中不要忘記那些「冷廟」性質的人，有時候他們能達到的作用也是無窮大的。

第五節 對上司說話**投其所好**

與上司說話的時候應該注意自己的方式，投其所好，這樣能幫助我們的職場成長與發展。摸清上司的秉性，這是保持與上司之間良好關係的重要技巧，在職場中具有極其重要的作用。那麼，在維持與上司之間關係的時候，應該注意哪些方面呢？

第一，應該對上司的生活與工作習慣有很好的掌握，之後投其所好。

第二，即使對上司說話投其所好，也應該注意與上司之間不適合出現私人情感，最好保持正常的工作關係。與上司說話的時候，說太多自己的私人事情，只會損害自己在上司心裡的形象。

第三，與上司說話的時候，不要攻擊對方。工作中確實會出現那種讓人難以忍受的上司，但是遇到這樣的上司之後，也不能攻擊對方。因為你的攻擊，很可能會是以你的職場受阻作為代價的，即使上司是那種心胸寬闊的人，這樣的說話方式也是應該避免的。

第四，工作中，與上司說話不要處處顯露自己的鋒芒，這樣會讓上司覺得你的存在是對他的一種威脅。對於專權的上司，你必須將工作進程的每個環節都向他報告，儘管私下你有自己的工作方式和作風，但在表面上仍要以上司的處理風格為自己的工作風格。這樣能幫助你贏得上司的信任，對你的職場發展是有好處而沒有壞處的。

第五，工作中出現錯誤，要及時改正。如果違反了公司的規章制度，上司批評你的時候，應該承認並改正自己的錯誤。

總之，在與上司相處時，應該從各個方面掌握上司的行為以及說話方式，按照對方喜歡的方式確定自己的行為。這樣能更好地處理與上司之間的關係，你的職場之路也會更好走。

同時，在與上司相處時，注意察言觀色也是重要的方面，在說話時，應該根據上司的性格和喜惡，對自己的行為作出一定的修改，保證與上司之間的良好關係。

純娟是一個熱情大方的人，很善於處理自己與各種人之間的關係。最近剛剛調到一個新的工作環境，首先想到的，就是如何處理自己與上司之間的關係。

在做過一番調查之後，瞭解到上司在為人處世上比較保守。所以，在進入新公司之後，就改變了原先比較時尚甚至是性感的形象，以循規蹈矩的形象出現在了上司面前。

在初步贏得上司的好感後，純娟充分發揮自己熱情、樂於助人、慷慨大方的優點，主動與上司建立朋友般的友誼。純娟並不是經常圍著上司轉，而是設法去順應上司的性格特點。最終，得到上司信任與重用的純娟，最終為自己事業上的成果奠定了良好的基礎。

但是，與上司相處時的投其所好，並不是曲意逢迎那麼簡單，它需要的是對上司的個性以及愛好的一種洞察，根據這種觀察再做出自己說話的方式。這樣的方式能幫助我們更好地實現與上司之間的良好相處，你的目的也會實現得更順利。

如果你的上司要求做事積極主動、不可拖泥帶水，則你就應該積極努力地有效完成任務；如果你的上司是個完美主義者，希望慢工出細活，那你就要注意工作中的細節，盡可能把工作做得盡善盡美。也就是說，遇到什麼樣的上司，就應該採取什麼樣的說話方式和辦事方法，只有這樣才能幫助我們更好地實現自身目的。

企業中的員工必須掌握說話的藝術，掌握說話的火候，這樣的說話方式能幫助自己實現職場的順利發展。

第六節 注意與上司說話的態度

下屬在與上司說話的時候，應該注意自己的態度。應該盡量避免採用過分膽小、拘謹、謙恭、服從，甚至唯唯諾諾的態度講話，改變誠惶誠恐的心理狀態，而要大膽和自信。

與上司說話時，最好的態度就是在保持獨立人格的基礎上，採取不卑不亢的態度。在必要的場合也不應該害怕表達自己與上司的不同觀點，只要你表達的觀點符合事實，上司都是會接受的。但是，想讓上司瞭解自己的觀點，還應該瞭解上司的個性。

此外，與上級談話還要選擇有利時機，上級一天到晚要考慮的問題很多。所以，假若是個人瑣事，就不要在他埋頭處理大事時去打擾他。你應該根據自己的問題重要與否，去選擇適當時機反映。

惠蓉是個熱情和直率的女子，有什麼就說什麼，總是願意把自己的想法說出來和大家一起討論，正是因為這個特點，她在上學期間很受老師和同學的歡迎。

今年，惠蓉從大學的人力資源管理專業畢業，她認為，經過四年的學習，自己不但掌握了紮實的人力資源管理專業知識，而且具備了較強的人際溝通技能，因此她對自己的未來期望很高。為了實現自己的夢想，她毅然隻身去北部求職。

經過將近一個月的反覆投簡歷和面試，在權衡了多種因素的情況下，惠蓉最終選定了一家研究生產食品添加劑的公司。她之所以選擇這家公司是因為該公司規模適中、發展速度很快，最重要的是該公司的人力資源管理工作還處於嘗試階段，如果惠蓉加入，她將是人力資源部的第一個人，因此她認為自己施展能力的空間很大。

但是到公司實習一個星期後，惠蓉就陷入了困境中。原來，該公司是一個典型的小型家族企業，企業中的關鍵職位基本上都由老闆的親屬擔任，其中充滿了各種裙帶關係。尤其是老闆給惠蓉安排了他的大兒子楊瑞做她的上級，這個人主要負責公司研發工作，但是他根本沒有管理概念，更不用說人力資源管理理念。在他的眼裡，只有技術最重要，公司只要能賺錢，其他的一切都無所謂。惠蓉認為，越是這樣就越有自己發揮能力的空間，因此在到公司的第五天惠蓉拿著自己的建議書走向了上級的辦公室。

「楊經理，我到公司已經快一個星期了，我有一些想法想和您談談，您有時間嗎？」惠蓉走到經理辦公桌前說。

「來來來，惠蓉，本來早就應該和妳談談了，只是最近一直待在實驗室裡就把這件事忘了。」

「楊經理，對於一個企業尤其是處於上升階段的企業來說，要持續企業的發展必須在管理上下工夫。我來公司已經快一個星期了，據我目前對公司的瞭解，我認為公司主要的問題在於職責界定不清；僱員的自主權力太小致使員工覺得公司對他們缺乏信任；員工薪酬結構和制定隨意性較強，缺乏科學合理的基礎，因此薪酬的公平性和激勵性都較低。」惠蓉按照自己事先所列的提綱開始逐條向楊經理敘述。

楊經理微微皺了一下眉頭說：「妳說的這些問題公司確實存在，但是妳必須承認一個事實——我們公司有贏利，這就說明公司目前實行的體制有它的合理性。」

「可是，眼前的發展並不等於將來也可以發展，許多家族企業都是敗在管理上。」

「好了，那妳有具體方案嗎？」

「目前還沒有，這些還只是我的一點想法而已，但是如果能得到了您的支持，我想方案只是時間問題。」

「那妳先回去做方案，把資料放這裡，我先看看然後再給妳答覆。」說完，楊經理的注意力又回到了研究報告上。

惠蓉此時真切地感受到了不被認可的失落，她似乎已經預測到了自己第一次提建議的結局。

果然，惠蓉的建議書石沉大海，楊經理好像完全不記得建議書的事。惠蓉陷入了困惑之中，她不知道自己是應該繼續和上級溝通，還是乾脆放棄這份工作，另找其他的發展空間。

惠蓉的失敗，是在於她沒有掌握和上司說話時的態度。作為剛進入職場的大學生，急於實現自我價值，對於現實沒有很好的認識，在與上司說話的時候也沒有注意自己的方式與態度，所以就造成了建議書石沉大海的結果。如果她在與上司說話的時候掌握一定的方式，將自己的建議以合適的態度說出來，其結果可能就會不一樣。

無論是剛剛進入職場的員工，還是職場中的中層管理人員，都應該掌握與上司之間的說話方式與態度。與上司說話時，合適的態度能幫助自己更好地表達自己的思想，而上司也能更好地接受你的思想與觀點。

在與上司說話的時候，應該擺正自己的位置，明白自己的立場，應該保持對上司的尊重，服從其管理，維護其尊嚴。這樣能幫助自己贏得對方的好感，爭取上司的支持，進而促進自己工作的順利進行。但是，服從上司還必須堅持對對方不能盲目服從的基礎上，對上司的盲目服從，會讓上司覺得你是一個沒有思想的人，在工作中不會重用你。

說話時態度很重要，即使是面對壞上司，也應該注意自己的態度，運用心平氣和的態度與壞上司說話，最終也能帶給自己一定的好處。在與上司說話的時候，應該保持不卑不亢的態度，將自己與上司放在同樣的水平線上，保持自己獨立的人格。

與上司的交談中，以上司能夠接受的態度說出自己心裡的想法。只有這樣，才能幫助自己得到上司的更多支持與幫助，成就事業。

第七節 學會與上司溝通

身在職場，最應該注意的就是如何與同事以及上司相處，而這樣的相處中最重要的就是交流與溝通。

職場上，與上司溝通需要一定的技巧，不能在其過程中讓上司覺得你是在拍馬屁。

何先生是一家公司的經理，工作經歷很豐富，而且工作能力也很強，為人也是剛正不阿，與上司說話的時候，也是堅持自己的見解，並為此感到自豪。他認為一個正直的人，就是應該堅持自己的意見，就是應該少說多做。因此，工作中，何先生總是埋頭苦幹，並不會去主動找上司溝通。

一段時間之後，那些各方面都不如何先生的人得到了提拔，只有何先生還是原地踏步，這讓何先生很不滿。

何先生在總結自己沒有得到提拔得出了一個結論，就是上司是一個愛聽阿諛奉承之詞的人。於是開始變得憤世嫉俗，對自己身在這樣的工作環境表示不滿。

最近，一個朋友來找他，何先生就將自己的事情對朋友說了一遍。朋友對此進行分析之後說：「在這件事情中，你就一點責任都沒有嗎？並不是，上司不是神仙，你不去找他交流思想，他就永遠不會知道你心裡的想法，你的能力也就無法得到展現。如果你為了避馬屁精的嫌疑而不願和上司接觸，上司反倒以為你自恃清高，不敢也不願重用你。所以，你應該反省一下自己的某些做法。

古代的道德觀念非常重視『清譽』，不為五斗米折腰的君子吟唱著『舉世皆濁我獨清』時，心頭湧起的是一種悲壯和道德優越感。但是現代社會需要的不是那樣的人，現代的社會性質決定了你必須是一個樂於，且善於與人合作和溝通的實幹家。

不論是與上司還是與下屬，都應該學會溝通，這樣才能幫助自己的事業順利開展。想要得到上司的賞識，就必須改變你的處事方式，積極地與上司溝通，讓他對你的能力有更為全面的認識。」

與上司的溝通，能使上司對你的能力有更為全面的認識，進而對你予以重任，讓你的能力得到更為充分的發揮。

在一家美資公司做行政主管的麗娜對此深有體會：

公司要召開經理級會議，老闆讓她擬好會議日程和安排，然後下發到每位參會者手中。麗娜很快做完了這件事，並把提綱 E—Mail 到老闆的私人信箱裡。

臨近開會前兩天，老闆很不滿意地問她為什麼還沒有看到她的計劃，麗娜說三天前就傳到您的郵箱了。老闆說那幾天他正好和客戶談合約，很忙，所以也沒看電子郵件，於是提醒麗娜以後要注意，重要的事情應該再打個電話追問一下。後來，麗娜在給他的一份報告裡出了兩處錯誤，就這樣，她給老闆留下了粗心的印象。

「千萬別假定自己所寄發的信或傳真、郵件已被對方收到；更不能對書面傳達的信息不加以核對便交給收件人。」這是麗娜的教訓。如果想要改變上司對她的看法，相信還需要一段時間，那麼，麗娜近期恐怕不會得到什麼提升了。

「和你的上司搞好關係」永遠是職場人必須熟記的生存守則。升職也好，加薪也罷，你的前途和命運有絕大部分的「股份」握在上司的手裡。

與上司之間的關係對於處理自己的工作有很大的作用，而與上司之間的良好關係也是需要透過溝通而得到的。只有溝通能幫助上司更加全面地瞭解你的工作作風、確認你的應變與決策能力、理解你的處境、知道你的工作計劃、接受你的建議，這些反饋到他那裡的資訊，讓他能對你有個比較客觀的評價，並成為你日後能否提升的考核依據。

個人的事業成功在初期主要依靠自身的教育背景和職業能力，上升到中高峰期時就會遇到人際溝通的天花板。但是，遇到這種人際關係的天花板，就需要溝通。話不說不清，理不道不明。溝通能達到意想不到的效果，與上司之間的良好溝通能幫助自己贏得其信任，最終幫助自己實現職場發展。

零誤解說話術

完美的表達
才能順遂成功

Chapter.6

當好領導者的說話藝術

作為上司，一定要有能說會道的好口才，說出口的話一定要有人聽，具有威懾力。此外，要講究藝術，該說什麼，不該說什麼，做到心中有數，這樣才能成為一名合格的好上司。

第一節 說話一言九鼎眾人服

做為上司，如果說話沒人聽，沒人怕，那不能不算是一種悲哀。身在職場，又處在領導的位置上，最重要的就是說話要有權威，一言九鼎，這樣的上司才能得到員工的信任與崇敬，也才能讓坐穩領導人的位子。

說話算話的人無論在職場或是生活中，都是最受歡迎的人。誠實是做人之本，立足職場也要靠誠實，做人誠實，說話算數，慎重對待自己的諾言，才能得到下屬的信服。

美國男籃主力控球後衛傑森．基德因為說話算話，幫助自己贏得了更多人的友誼與尊敬。

能夠得到一塊奧運金牌，可以說是每個運動員一生的榮譽，也是每個運動員都很珍惜的。傑森．基德雖然也想珍惜著來之不易的榮譽，但是，作為一個說話算話的人，他還是將自己的金牌送給了別人。送出金牌的理由，甚至算不上是理由：僅是為了一句玩笑話。

「去年夏天，我在拉斯維加斯和維恩夫婦（賭場老闆）度過了難忘的三週美好時光。我們在宴會上交談非常融洽，特別是維恩夫人（老闆娘），我覺得她非常懂籃球。」基德表示。

這次他送給維恩夫人北京奧運會男籃金牌，並不是在償還賭債。「我可不是在還賭債，她只是我一位非常要好的朋友，一位受我尊重愛戴的朋友。」基德解釋道。

基德與維恩夫人是在二〇〇七年夏天認識的，當時美國男籃夢幻八隊正在備戰「二〇〇七拉斯維加斯美洲錦標賽」，要爭取一個直接進入北京奧運會的名額。基德當時就住在維恩夫婦家，賭場老闆對基德進行了熱情的款待，這讓基德十分感動。

「當時我告訴她，如果我們在北京奪取了金牌，我就把金牌送給她。」基德最後說，「她還以為我在開玩笑，但我昨天已經履行了承諾。把金牌送給她，是為了感謝沃恩夫婦在去年的盛情款待，這是我力所能及的事情。」

為了一句玩笑話而將自己來之不易的金牌送給別人，這是很多人想不通的事情，但是，這樣能做到說話算話的人，卻是能得到別人尊敬的人。

美國一位小學的校長為了激發學生的讀書熱情，在全校大會上宣佈，如果在十一月一日這一天前，全校學生讀書的頁數達到十五萬頁，他就在十一月一日這天爬著去上班。

此言一出，全校學生群情激動，人人奮發努力，個個爭先讀書，結果全校提前三天完成了讀書十五萬頁的任務。

許多學生碰見校長都問，十一月一日是不是要兌現他的諾言，校長斬釘截鐵地回答：「我一諾千金，到時一定爬著去上班。」

十一月一日這天，天還沒亮校長就出了家門，與往常不同的是，校長沒有開車，他一步一步地在地上爬行，沿途都有上學的家長和學生，不少家長勸校長不要這麼認真，只要爬幾步，做做樣子就可以了，可是校長非常堅決。每爬一步，豆大的汗珠就掉落在地上，許多學生深受感動，都自發地跟在校長後面一起爬行。

終於爬到了學校門口，夾道歡迎的學生和教師用最熱烈的掌聲來迎接他們最尊敬的校長，校長的臉上也留下了幸福和感動的淚水。

透過這位校長的故事，我們知道一言九鼎，說話算話的人，才能得到別人的尊敬，讓別人更加信服他說的話，對他的人品也更加認可。

第二節 讚美下屬，提高領導力

讚美別人需要技巧，但過分的讚美會讓對方覺得是對自己的一種諷刺，而讚美的力度不夠，又會使對方聽來像是敷衍自己。所以，在讚美別人的時候也是應該注意自己的方式的，只有恰到好處的讚美，才會給人一種如沐春風的感覺。

作為上司，要懂得經常讚美下屬，這樣可以有效提高領導力。讚美下屬不要籠統地一概而論，要因人而異，按照下屬的性格來讚美他們，只有這樣才能達到讚美的最佳效果。

作為上司，要善於發現下屬的進步並及時予以表揚，這能幫助自己樹立在下屬心目中的地位，提高自己的領導力，還能提高下屬的工作積極性，進而提高下屬的工作效率。

而在讚美下屬的時候，應該做到具體，沒有依據的讚美無法得到下屬的認同，不能達到自己想要的目的。對於下屬哪怕是一點點微小的長處，也應該對其進行讚美，這樣能表現出你對下屬的關心，能使下屬對你越來越信賴。

在工作中，那些最需要讚美的下屬並不是功成名就的人，而是那些被埋沒而產生自卑感或是身處逆境的人。這樣的人一旦被讚美，就會拿出自己全部的智慧，振作精神，大展宏圖。而對於讚美自己，對自己有知遇之恩的上司，他們會給出更多的回報。對於這種下屬的讚美方式，最簡單有效的就是投以一個讚許的眼光，一個燦爛的微笑。

要明白，上司的讚揚就是對員工最好的獎賞。人們工作是為了更好地生存和發展，這就有金錢和職位等方面的願望，但除此之外，人們更加追求個人榮譽。一份調查結果顯示。有高達百分之八十九的人希望自己的上司給自己好的評價，只有百分之二的人認為有沒有上司的讚揚無所謂。

當被問及為什麼工作時，百分之九十二的人選擇了個人發展的需要。而人的發展需要量是全面的，不僅包括物質利益方面，還包括名譽、地位等精神方面。在單位裡，大部分人都能兢兢業業的完成本職工作，每個人都非常在乎上司的評價，而上司的讚揚是下屬很需要的一種獎賞。

美國玫琳凱公司的總裁玫琳凱也認為：「讚美是激勵下屬最有效的方式，也是上下溝通中最有效果的手段，因為每位員工都需要讚美，只要你認真尋找就會發現，許多運用讚美的機會就在你面前。」

凡是在玫琳凱公司員工生日的那天，都會收到玫琳凱的一份生日卡和一張祝福卡；每個新到公司的員工，第一個月內都會獲得玫琳凱的親自接見；每一個成績突出的員工，都會受到玫琳凱的格外禮遇。每次她真誠讚美都會深得人心，這主要得益於她有效的讚美方法。

在玫琳凱公司，當每個員工取得比上次更優秀的成績時，就會獲得一條緞帶作為紀念。公司總部每年舉行一次「年度討論會」，參加的員工都是從公司選拔出來成績優異的員工代表，在會議中，公司會要求一些代表身穿象徵榮譽的紅色禮服上台發表演說，說明他們的成功之道。

玫琳凱公司的做法是很可取的。因為任何公司的效益都是員工積極地工作所產生的結果。如果透過強權、金錢或者個人魅力來維持企業，那麼危機將始終存在，爆發只是時間問題。要想使員工主動把工作做好，只有對自己的員工多些肯定、理解與讚美，少些懷疑、批評，他們才會更加盡心盡責，達成你的預期目標。

每個上司都希望自己的下屬越來越出色，但是員工變得越來越出色的過程離不開上司的讚美與鼓勵。也只有上司的鼓勵與讚美才能激發員工的奮鬥激情，為公司也為自己創造出更多的價值。

聰明的上司懂得鼓勵下屬每一個微小的進步，並且能在讚美中強化下屬的長處與優點。透過潛移默化，讓下屬在你的讚美中以正確的方式處理自己遇到的問題。讚美員工，能維持員工的工作熱情，給自己帶來良好的業績空間，進而讓自己成為一個優秀的管理者。

第三節 批評下屬講藝術，對事不對人

作為上司，批評下屬時一定要注意方式方法，合理恰當地批評有助於下屬認識錯誤，而不當的批評方式則會引起下屬的不滿。

對下屬的批評，最有效的方式就是對事不對人，只有這樣才會幫助他們改變自身處世的方法。

批評，最重要的就是「批」而不是「評」。所以，在批評下屬時應該注意態度，注意方式。首先應該將事情弄清楚，不能盲目地否定下屬，這樣無法讓下屬信服。

在批評下屬的時候，可以先對其進行一番誇獎，然後再說出你希望他能改變的地方，這樣下屬會比較容易接受。

在對待下屬的錯誤時，要先緩解自己心中的怨憤，盡量不要把過分激昂的情緒帶到談話中。

梓權是一家公司的老闆，一天下午，在送走了三批令人不快的推銷軟體設計之類的說客時，心中已經有點氣惱，手頭事情又多，一直處理到快下班，案頭還有一堆事情。

就在這時一位中層管理人員走了進來，對著他說：「某某工序，員工沒有遵循標準作業程序制度的管理，擅自改變操作規範，出現次品，根據制度要嚴厲處罰，我做出了處理決定，但是他們不服，還跟我吵了起來……我聽清原因後，覺得他們有道理，但處罰已經說出了，怎麼辦？原制度要不要繼續執行？」

梓權心中壓抑不快，沒有聽清下屬的敘述，就拋出一句「按制度辦！」

第二天，他就把這件事拋到了腦後。

大約過了一個星期，從報表上發現該工序的質量指標根本沒有達到計劃要求，於是就把那位管理人員找來瞭解情況。

那人很委屈地說：「上次我跟你說了，我們規定的操作程序有問題，員工準備改變它，而你要求按制度辦。」這時他才明白，那天他說了一句非常愚蠢的話。

在工作中不能帶著情緒，這樣不利於工作的順利進行。即使是在下屬犯了錯誤之後，還是不能帶有情緒化的心情對待下屬，只有對事不對人才是最合適的解決方式，也才能保障工作的順利進行。

在與下屬面談的時候，也應該仔細分析下屬的話，客觀評價下屬所說的事實，不要帶著一種成見。聽完下屬的解釋之後，發現是自己的錯，也應該向下屬表達自己的歉意，這樣既不會損害下屬對公司的忠誠，又可以在無形中增加公司內部的凝聚力。

但是，很多上司無法做到仔細傾聽下的解釋，最終讓下屬很受傷害，甚至降低了工作效率。

「小周，你到我辦公室來一趟！」銷售部經理「啪」的一聲掛了電話，讓剛剛和同事還有說有笑的小周一下子心驚膽戰，硬著頭皮走進了經理辦公室。

「你這個月的銷售成績怎麼這麼差啊？你看看人家小鄭，剛來兩個月的工作業績就飆到本月第一名。你以為我能讓你拿這麼多的薪水，我就不能讓別人拿的比你更高？再這樣下去，你這個銷售冠軍還能坐多久？」還沒等小周開口，坐在椅子上的經理就開始連珠炮般的轟炸，順便把一疊厚厚的報表扔在小周面前。

「經理，我……」小周本想趁這個機會就此事與經理溝通。

「別說了，你回去好好反省吧。我再給你一個月的機會，要是下個月你的業績還不能提升，那我就要扣你年終獎金了。好了，你先出去吧。」

經理不耐煩地擺手示意欲言又止的小周出去。

滿臉委屈的小周無奈地走出經理辦公室，越回想經理那咄咄逼人的架勢，心裡就生氣。自己從公司創業到現在一直風雨無阻、任勞任怨的開發新客戶、鞏固老客戶，拓展了公司近百分之三十的現有市場。客戶的投訴率也一直保持在全公司最低，還年年被評為優秀員工。

這個月小周被經理分派到剛開發的新市場，客戶數量不多，但與前期相比正以百分之十的速度擴充。再加上本月因為公司總部發貨不及，讓很多客戶臨時取消訂貨單，銷售額與成熟市場當然不能相比。

而小鄧是新員工，一開始被安排到原有的老市場，客戶源穩定充分，客戶關係網堅固牢靠，形勢大好，自然豐收在即。小周心裡覺得經理只看數字，不問事實，心裡委屈也是理所當然的。

小周的上司是個不聽下屬解釋的上司，結果只會讓下屬感到委屈，甚至還會影響下屬的工作熱情。批評下屬對事不對人，應該做到客觀事實客觀分析其中的原因，不能對下屬全盤否定。

第四節 言語簡潔有度，讓下屬一聽就懂

作為上司，在與下屬說話的時候應該注意自己的方式。有時候，簡潔的語言能更清晰地表達出自己的意思，也能讓下屬一聽就明白。

雄輝是一家公司的部門經理，在剛剛搬到新的辦公室不久後，雄輝找來銷售部的一位員工。因為這位員工當初在搬到新環境的第一天，就跟他說想要調換一下位置，他當時沒有同意。

後來他想，也許換一下位置能夠調動員工更多的積極性，於是對剛進門的這位員工說：「你原本不是想調換辦公位置嗎？現在你可以換了。」

他吃驚地望著雄輝，然後點點頭，但接著馬上又搖頭，說：「經理，不換了，我感覺現在很好。」

聽他這麼說雄輝也沒有在意，但後來幾天他發現這名員工在工作時總是心不在焉的，就又把他叫來談話，問他到底出了什麼問題。

他的回答讓雄輝驚訝，原來他一直擔心遭到解雇，原因就是雄輝上次突然找他談調換位置的事情。

說者無意，聽者有心。尤其是在上下級的對話中，這種情況更容易發生。如果雄輝當時把同意他調換位置的原因說清楚，也許就不會出這樣的情況。所以，對待上司時說話要小心，對待下屬同樣也是這樣。

在與人交流中應該注意自己的說話方式，不要說可能會引起誤會的話。盡量運用簡潔的語言表達出自己心裡想說的話。

上司在與下屬說話的時候，還應該盡量將自己想說的話說完整，這樣才不會讓下屬誤會。但是，有的上司在與下屬說話的時候總是不將話說清楚，以為下屬能聽懂自己的「暗語」。其實，這樣的想法是一種錯誤，因為下屬不會仔細分析你說的話。

即使有的員工清楚上司的所謂的「後半段語錄」，但是還是有很多人不明白這種說話方式，不能理解這種說話藝術。所以，在與人交流中應該注意自己的方式，不要讓自己在與他人的交流中產生誤會。

說話的時候還應該注意自己的遣詞用字，盡量運用肯定的語氣說出想說的話，這樣能幫助自己提高自信，還能幫助自己實現與別人之間的良好交流。不論在與什麼人說話時，這樣的語氣都是很重要的。

小李是一家公司的部門經理，兩年前的一天，和某公司約好去談一項合作。出門之前，恰好大學同窗國雄來訪，於是拉他一道前往，正好請他幫忙出點主意。

兩人去了之後，談判對象對他們非常客氣，但轉入核心話題不久，小李發現國雄好幾次對他悄悄地使眼色，於是便找了個藉口說下次再談。告辭出來，向國雄詢問緣由。

國雄神祕一笑，接著壓低了聲音：「他說話總是在用否定的詞彙，這說明缺乏承擔的勇氣，和這樣的人合作，將來你的壓力會非常之大，我看還是慎重一點的好。」

後來的事實，果然印證了國雄的判斷——在小李退出之後，那人換了另一個合作對象，可是一年的時間過去，本來預期前景很好的項目卻成了燙手山芋，而對所有的責任，他全部推給合作方獨自承擔，為此，合作方被弄得苦不堪言。

小李心中不禁暗自慶幸，要是當初沒有國雄陪同前往，那麼現在收拾爛攤子的就該是自己了。

職場中的語言，確實隱含著不少祕密，而破解這些祕密，既要細心觀察，還必須有一定的經驗累積。從一個人說話的語氣中可以判斷出一個人的處世方式，想要對方能明白自己的意思，就應該用盡量簡潔的話說出。

第五節 風趣幽默的領導親和力強

同樣的一句話，從風趣幽默的人嘴裡說出來其效果就會很不一樣。風趣幽默也是一種解壓的方式，幽默的員工能帶給自己更多的機會，而幽默的老闆也會贏得更多員工的好感與支持，同時會提升公司整體的工作效率。

亦華是廣告公司的老闆，今天他剛從外地出差回來，竟發現公司員工在下班後竟都留在公司。正納悶之際，辦公室的電腦傳出「生日快樂」的音樂聲。大伙一起鼓掌唱起生日快樂歌來，亦華這才想起，今天是自己的生日。面對大家熱情的掌聲，喜悅的眼神，亦華瞬間感到十分溫暖。

「我有一群隨時可以給人帶來驚喜和快樂的員工。」每次在與朋友說起自己的員工時，都是深感欣慰。

作為一名年輕的老闆，亦華開朗率真的個性，顯然讓辦公室氛圍頗受影響，而他坦言，自己招聘員工有條「潛規則」，那就是無論面對怎樣的壓力，都要會「找樂子」。

亦華說，自己的團隊非常年輕，平均年齡不超過二十七歲，個性各異，但有個共性就是樂觀，愛玩且幽默。因此，凝聚力非常強。作為創意類行業，只有思想和情緒放鬆才能激發潛能，因此在安排好工作的前提下，他平時很倡導員工去「找樂子」。

兩個月前，公司承接了一個房地產公司的全套策劃、設計工程，「越是壓力大，我們就玩得越厲害。」亦華對朋友這樣說道，他們經常一起吃飯，唱歌，戶外拓展，而這僅僅是表面現象。事實上，在這些過程中，大家都是放鬆的，並且不斷激發出一些新的靈感，常常會很投入的探討工作，同時向心力得到極大提高。

作為管理者，亦華更是鼓勵員工學會「找樂子」，公司不少「笑星」，總是在休息之餘，給大家帶來笑聲，緩解了辦公室的緊張氣氛。

「會找樂子的人，就是有創造力的表現，他們生活態度輕鬆，善於溝通，作為年輕的廣告人來說，這點尤其重要，不會生活就不會工作。」亦華說，但從另一方面來說，在找樂子和認真工作之間收放自如，則是需要公司和員工雙方長期磨合之後的默契，是公司與個人目標高度一致的結果，而不是表面看到的單純的玩樂。

幽默本身是一種可貴的品質，雖然各種行業對於員工的要求各不相同，但是具有幽默感都是一種化解壓力的方式。

風趣幽默的領導人，能得到下屬的尊重，適當的幽默感可以增強自身親和力。作為領導人，想要得到下屬的尊敬與信服，就不能放棄對自身幽默感的修煉。而風趣幽默的說話方式，還能幫助自己化解尷尬，幫助自己更好地與人溝通。

第六節 領導不打誑語，言辭謙虛顯風度

員工對於領導者一般都會有一種崇拜的心理，但是作為領導者應該做到言辭謙虛，這樣才能顯示出自己的風度。

謙虛是一種處世態度，是人與人交流時的一種說話方式。與人交流首先想到的就是將自己的觀點與思想表達出來，此時態度必須謙虛，只有這樣才能讓對方更容易接受。

謙虛的人在說話的時候會有一種吸引力，也是一個人內在語言氣質的表現。而且，越是有智慧的上司越是懂得謙虛的重要性，只有那些沒有太多智慧的人，才會在說話時自鳴得意誇誇其談。

蘇格拉底是古希臘著名的哲學家，他不但才華橫溢著作等身，而且廣招門生獎掖後進，運用著名的啟發談話啟迪青年智慧。每當人們讚歎他的學識淵博，智慧超群的時候，他總是謙遜地說：「我唯一知道的，就是我自己的無知。」

他曾經用一個形象的比喻來形容他的智慧，他對門徒們說：「我們的智慧都是好像是一個圓，只不過我的圓比你們的稍微大些，正因為我的圓大些，我的圓外未知世界才更大，我才覺得我的知識是多麼的貧乏。」

有一天，蘇格拉底的弟子聚在一起聊天，一位出身富有的學生，當著所有同學的面，誇耀他家在雅典附近擁有一片廣大的田地。

當他吹噓的時候，一直在旁邊不動聲色的蘇格拉底拿出一張地圖說：「麻煩你指給我看，亞細亞在哪裡？」

老師這番舉動，讓所有的弟子們都感到十分好奇，於是都圍了過來。

「這一大片全是。」學生指著地圖得意洋洋地說。

「很好！那麼希臘在哪裡？」蘇格拉底又問。「這樣的問題也太簡單了吧！」旁邊有的弟子忍不住插話。蘇格拉底好像沒有聽到似的。

學生好不容易才從地圖上找出一小塊兒來，但和亞細亞相比，實在是太微小了。

「雅典在哪？」蘇格拉底又不動聲色地問。

「雅典，這個更小了，好像是在這裡。」學生指著一個小點說著。

最後，蘇格拉底看著他說：「現在，請你指給我看，你那塊廣大的田地在哪呢？」當問完這個問題時，所有的弟子都明白了老師的真正用意，也不由得都暗暗佩服。

那位富有的學生忙得滿頭大汗也找不到了，因為他家的田地在地圖上連個影子也沒有。後來很尷尬地回答說：「對不起，我找不到。」

蘇格拉底笑著說：「一個人，千萬不要沾染上賣弄、炫耀的壞毛病，否則這種毛病將會變得越來越大、越來越嚴重！」蘇格拉底是一個謙虛的人，而他希望自己的學生也是一個謙虛的人。

透過蘇格拉底的故事可以知道，越是有智慧的人，對知識的渴望就越大。只有那些對自己的沒有充分認識的人，才會在與人交流中誇大自己的能力。

謙虛謹慎無論是什麼樣的背景下，都是一個人建功立業的前提與基礎，也是領導者的必備品格。一個人，不論其從事的是什麼職業，只有謙虛謹慎才能幫助他保持不斷進取的精神，增長更多的知識與才幹。因為謙虛謹慎的品格能夠幫助你看到自己的差距。永不自滿，不斷前進可以使人能冷靜地傾聽他人的意見和批評，謹慎從事。否則，驕傲自大，滿足現狀，停步不前，主觀武斷，輕者使工作受到損失，重者會使事業半途而廢。

謙虛雖是美德，但是在與人交流中謙虛也是應該掌握一定的方式。說話時應該將謙虛與自信緊緊聯繫起來，只有這樣，才能說你是一個掌握著說話藝術的人。

領導人不打誑語，言辭謙虛顯風度。一個好的領導者，懂得何時應該謙虛，何時應該充滿自信，這樣可以給員工樹立良好的形象，增強親和力。

第七節 有錯就改，道歉顯真誠

每個人在生活中都會犯錯誤，上司也是如此，當犯錯誤後一定要勇於改正自己的錯誤，這是一種道德修養，也是一種高尚情操的昇華，能完善一個人的人格魅力。現實生活中，很多領導人在犯錯誤之後，出於種種原因，不願承認錯誤，更不要說道歉了。這會給下屬造成不信任感，失去威嚴。

改正自己的錯誤需要勇氣，但是作為領導人，可以經由改正自己錯誤的方式讓下屬感受到自己的真誠。善於改正自己的錯誤，就是要在做錯事之後，不要給自己找藉口，而是主動承認並改正自己的錯誤，只有這樣才能幫助自己得到他人的讚賞。

立德是一家公司的中階層領導人，有次接到一份要為一家公司製作員工證的工作，但是他卻不慎將該公司員工的照片弄丟了。

因為將客戶的資料弄丟，也不敢對客戶說，只好一直拖延交貨時間，但最終覺得這樣也不是辦法。於是，對自己的下屬小喬說道：「小喬，製作工作證的事情，因為我把客戶給我的照片弄丟所以延遲了，可是我現在還有別的事要忙，沒有時間解決這件事。你能帶著數位相機去客戶那邊幫他們重新拍照嗎？這件事是我不對，可是我真的走不開，你能幫我一下嗎？」

小喬見老闆都對自己這麼說了，而且雖然老闆沒有對客戶道歉，但是對自己道歉了，於是就將這件事答應了下來。回到自己的辦公室，小喬就打電話給客戶，說明了公司將照片弄丟的事，希望對方能答應自己去客戶公司重新拍照的事情，後來事情才解決了。

如果不是立德向小喬解釋清楚自己的問題，而是直接叫小喬去解決那件事，小喬會因為老闆這是將責任往自己身上推，肯定不想幫他處理這件事。而最終事情能夠完美結束，最重要的就是立德真誠地向小喬道歉，表明是自己的錯誤，這樣才讓小喬答應幫助他。無論是誰犯了錯，主動承認並改正自己的錯誤能讓別人感受到你的真誠，尤其是作為上司。

日本松下電器公司的一位員工因為缺乏經驗，致使一筆貨款難以收回，松下幸之助知道這件事之後勃然大怒，在公司大會上狠狠地批評了這位下屬。

會議結束之後，松下幸之助冷靜下來仔細想了一下，覺得自己也是有責任的，並為自己的過激行為感到不安。因為那筆貨款自己在發放單上是簽了字的，下屬只是沒有把好審核關而已，自己也有一定的責任。

有了這樣的想法之後，他馬上打電話給那位下屬表示自己的歉意，剛好對方正在搬家，而松下幸之助馬上趕到對方家裡表示慶祝，並和他們一起幫忙搬家，忙得滿頭大汗，下屬一家人都非常感激。

然而，事情並沒有因此而結束，一年之後的這天，這位下屬收到了松下幸之助發給自己的明信片，上面有松下幸之助對自己說的話：讓我們忘記這可惡的一天吧，重新迎接新一天的到來。這位下屬被上司的真誠感動得熱淚盈眶。從此，在工作上再也沒有出現過失誤，對公司也是忠心耿耿，盡力效忠。而松下先生的真誠認錯，也成了日本商界的一段佳話。

上司向下屬道歉能顯示上司的真誠，但是還是應該注意方式，像上面松下幸之助採用的私下道歉，就免去了公開道歉的一些尷尬。私底下道歉既不張揚上司的錯誤，又能緩和與下屬之間存在的問題。

敢於承認自己錯誤的人，會得到別人更多的尊敬，也能促進自己工作的順利進行。敢於向下屬道歉的上司，不僅不會因此丟掉自己的面子，還會幫助自己贏得下屬的信任，進而促進自己工作的順利進行。

GOOD CHOICE 大大的享受拓展視野的好選擇

選擇堅持—馬雲的人生智慧

成長階梯系列 61

人永遠不要忘記自己第一天的夢想，
你的夢想是世界上最偉大的事情，
就是幫助別人成功。
至於你能走多遠，
第一天的夢想很重要。

先相信你自己：馬雲的價值理念

成長階梯系列 62

創業者最大的資本是自信，
第一要相信你能活，
第二要相信你有堅強的存活毅力。
我相信「相信」。
相信自己做的事情非常難，
沒有幾個人做得了，
自己能夠嘗試就已經勝利了一半。

成就大業的冒險精神－馬雲教戰守

成長階梯系列 63

做決策不能完全憑直覺，
在紛亂的外部環境中用自己的腦袋思考問題和判斷問題。
公司還很小的時候千萬別去講理論，
別人不一定會認同你的理念，但是都會按照你做的做。
生存下來的第一個想法是做好，
而不是做大。

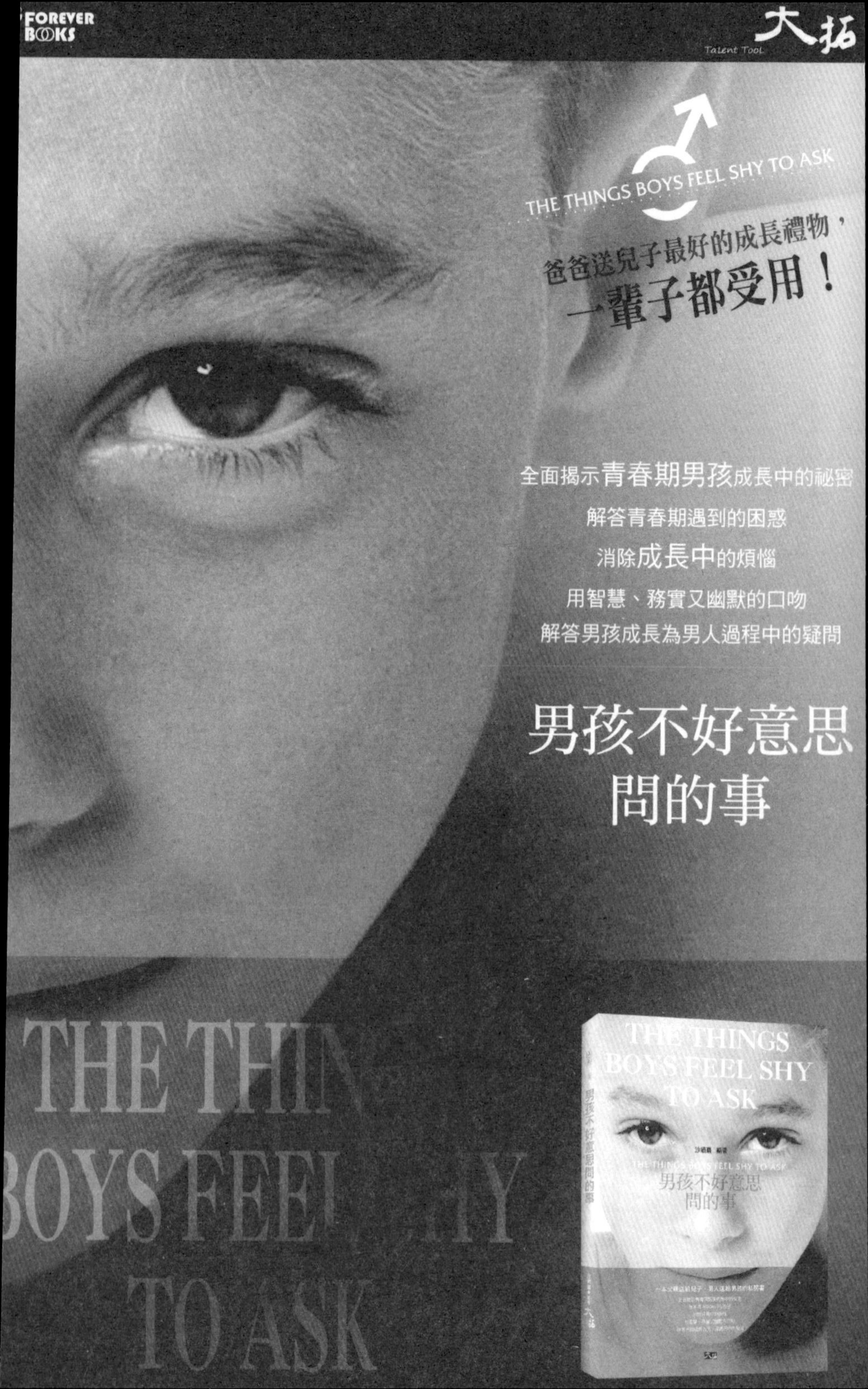
FOREVER BOOKS
大拓
Talent Tool
THE THINGS BOYS FEEL SHY TO ASK
爸爸送兒子最好的成長禮物，
一輩子都受用！
全面揭示青春期男孩成長中的祕密
解答青春期遇到的困惑
消除成長中的煩惱
用智慧、務實又幽默的口吻
解答男孩成長為男人過程中的疑問
男孩不好意思
問的事
THE THINGS
BOYS FEEL SHY
TO ASK
男孩不好意思
問的事

FOREVER BOOKS
Talent Tool
THE THINGS GIRLS FEEL SHY TO AS
媽媽送女兒最好的成長禮物
一輩子都受用
每個處於青春期的女孩
都是這世上獨一無二的玫瑰
各種惱人的問題，
許多羞於啟齒的祕密不知與誰訴說
用心呵護，經歷洗禮
給予女孩那一份私密的溫暖
女孩不好意思
問的事
THE THINGS
GIRLS FEEL SHY
TO ASK
女孩不好意思問的事

贏家 26

零誤解說話術：完美的表達才能順遂成功

編著　郭正偉
出版者　大拓文化事業有限公司
執行編輯　羅啟明
封面設計　林鈺恆
內文排版　姚恩涵

總經銷　永續圖書有限公司
劃撥帳號　18669219
地址　22103 新北市汐止區大同路三段一九十四號九樓之一
TEL　（〇二）八六四七—三六六三
FAX　（〇二）八六四七—三六六〇
E-mail　yungjiuh@ms45.hinet.net
網址　www.foreverbooks.com.tw

CVS代理　美璟文化有限公司
TEL　（〇二）二七二三—九九六八
FAX　（〇二）二七二三—九六六八

法律顧問　方圓法律事務所　涂成樞律師

出版日◇二〇一八年六月

國家圖書館出版品預行編目資料

零誤解說話術：完美的表達才能順遂成功 / 郭正偉
編著. -- 初版. -- 新北市：大拓文化, 民107.06
面；　公分. -- (贏家；26)
ISBN 978-986-411-072-8(平裝)
1.說話藝術 2.口才
192.32　　107005561

謝謝您購買 **零誤解說話術：完美的表達才能順遂成功** 這本書！

即日起，詳細填寫本卡各欄，對折免貼郵票寄回，我們每月將抽出一百名回函讀者寄出精美禮物，並享有生日當月購書優惠！

想知道更多更即時的消息，歡迎加入"永續圖書粉絲團"

您也可以利用以下傳真或是掃描圖檔寄回本公司信箱，謝謝。

傳真電話：（02）8647-3660　　信箱：yungjiuh@ms45.hinet.net

☺ 姓名：　□男　□女　□單身　□已婚

☺ 生日：　□非會員　□已是會員

☺ E-Mail：　電話：（　）

☺ 地址：

☺ 學歷：□高中及以下　□專科或大學　□研究所以上　□其他

☺ 職業：□學生　□資訊　□製造　□行銷　□服務　□金融

□傳播　□公教　□軍警　□自由　□家管　□其他

☺ 您購買此書的原因：□書名　□作者　□內容　□封面　□其他

☺ 您購買此書地點：　金額：

☺ 建議改進：□內容　□封面　□版面設計　□其他

您的建議：

廣 告 回 信
基隆郵局登記證
基隆廣字第 57 號

新北市汐止區大同路三段一九四號九樓之一

大拓文化事業有限公司收

請沿此虛線對折免貼郵票，以膠帶黏貼後寄回，謝謝！